中公新書 1662

野口悠紀雄 著

# 「超」文章法

## 伝えたいことをどう書くか

中央公論新社刊

目次

コラム

# 「超」文章法

――伝えたいことをどう書くか

Glendower　I can call spirits from the vasty deep.
Hotspur　Why, so can I, or so can any man;
But will they come when you do call for them?

Shakespeare, *Henry IV*, Act 3, Scene 1

グレンダワー　俺《わし》は深海の精霊どもを呼ぶことができる。
ホットスパー　私だってできる。誰だってできますよ。
でも、呼んだところで、奴らがやって来ますかね？

シェイクスピア『ヘンリー四世』、第3幕第1場

# プロローグ

本書は、文章を書く際にすぐに使えるマニュアルになることを目ざしている。「文章執筆にマニュアルなどありえない」と言う人がいるだろう。文章執筆は崇高な作業であり、全人格の発露だという主張である。文学作品については、そうかもしれない。しかし、本書が対象としているのは、そうしたジャンルの文章ではない（ただし、文学作品を引用はしている）。対象は、大雑把に「論述文」と括《くく》ることができる文章だ。具体的には、論文、課題論文、解説文、報告文、企画書、評論、批評、エッセイ、紀行文などである。

このジャンルの文章の目的は、読み手を感動させることではない。読者を説得し、自分の主張を広めることだ。そのためには、内容が有益であり、読者が興味をもって読み始めるものでなければならない。さらに、容易に理解可能なものでなければならない。つまり、目的は、「ためになり、面白く、わかりやすい」文章だ。こうした目的のために、マニュアルの果たす役割は大きい。

私は、「ためになり、面白く、わかりやすい」文章を書きたいと、いつも心がけてきた。いまでも、そのために努力を続けている。本書の内容は、そうした努力の過程で、私が学んできたことだ。

私がこの本を書いているのは、私自身が使いたいからでもある。道元《どうげん》は、「仏道をならふといふは、自己をならふなり」と言った（「現成公按《げんじようこうあん》」『正法眼蔵《しようぼうげんぞう》』）。私も、文章の書き方における自分自身を学びたいと思っている。私がこれまで行なってきたことを振り返り、将来の執筆のためにチェックリストとマニュアルを作ろうとしている。

実際、本を書くことの最大のメリットは、書いている途中で発見があることだ。あるいは、それまで漠然と考えていたことを、はっきりと意識することだ。「知らないことがあったら、本を書いてみよ」と言われるほどである（教えることも、同様の効能をもつ）。本書を書くことによって、私は、「文章を書くとはいかなることか」を知ろうとしている。そこで得た知見は、私が将来文章を書く際に、最も有効なガイドとなるはずだ。

私はこれまで、『「超」整理法』や『「超」勉強法』などの本を書いた。書き終わったとき、書類の整理や勉強ということについて、私自身の考えを明確にすることができた。そして、それらの知見をもっと早く手に入れていればよかったと思った。文章については、本書の執筆過程でノウハウを見出しても、決して遅すぎることはない。これからも、文章を書く機会は山ほどあるはずだから。

本書は、これまでの文章読本が論じた事項より「前の段階」を強調している。

第一は、メッセージの明確化だ（第1章）。「メッセージ」とは、どうしても読者に伝えたい内容である。それは、「ひとことで言えるもの」でなければならない。文章が成功するかどうかは、八割方この段階で決まる。

第二は、骨組みの構築だ（第2章）。「プロット」といってもよい。プロットは物語には不可欠だが、エッセイにおいても論文においても、必要なのである。ただし、これは内容面の骨組みなので、外からは見えない。この点で、第3章で述べる形式的な骨組みと異なる。

従来の文章読本が論じてきたのは、主として本書の第5章、第6章の内容だ。本書は、これを「化粧」と呼ぶ。私の経験からすると、重要なのは、化粧より前にある右の二つである。

私は、化粧が不要と言っているのではない。読みやすくわかりやすい文章にするために、それは不可欠だ。強調したいのは、メッセージが希薄で骨組みが弱ければ、いかに化粧したところで、所詮虚《むな》しいということである。

化粧の前に、もう一つ必要なことがある。説得力を強めることだ。これを「筋力増強」と呼ぼう。比喩《ひゆ》と具体例と引用が、そのための重要な技術である。本書はこれを第4章で述べている。

本書が従来の文章読本と異なるもう一つの点は、第7章で、「とにかく始めよ」と強調していることだ。これまで、「十分に構想を練ってから執筆にかかれ」と言われてきた。しかし、パソコン時代になって、これが大きく変わった。メモでよいから、とにかく書き始める。それを、何度も何度も見直し、修正する（「化粧」は、主としてこの段階での作業である）。叙述の順序や論理の進め方についてさえ、最初から周到なプランを作るのでなく、書き始めてからあとで見直す。「始めれば完成する」というのが、パソコン時代における文章執筆の極意なのだ。

文章力を上達させることは、どんな効能をもつだろう？　文章がもつ力とは、どれほどのものか？

紀貫之《きのつらゆき》は、『古今和歌集』の序文で、「力をもいれずしてあめつちを動かし、目に見えぬ鬼神をもあはれと思はせ、（中略）猛きもののふの心をもなぐさむるは、歌なり」と言った。この言葉は、一一〇〇年間生き続けた。

「荒野の石をパンに変えてみよ」という悪魔の誘いを斥《しりぞ》けたイエスは、「人の生くるはパンのみに由《よ》るにあらず、神の口より出《い》づる凡《すべ》ての言《ことば》に由る」と答えた（『マタイ伝』第四章）。この言葉は、二〇〇〇年間も生き続けた。

これらの言葉がかくも長い時間を生き延びたという事実こそが、右の問いに対する何よりも力強い答えになっている。

文章を書くのは、誰にもできることだろうか？　もちろん、そうではあるまい。それができるのは、一部の人たちである。あなたがその一員かどうかを確かめるには、有名なリルケのテストを自問してみればよい。彼は言った（『若き詩人への手紙』）。

「夜のもっとも静かな時刻に、自分自身に尋ねてごらんなさい。私は書かねばならぬかと」

あなたの答えは、もちろん「然《しか》り」だろう。そうでなければ、この本を開いているはずがない。

ただし、ゲオンの注意にも耳を傾けよう。彼は、『モーツァルトとの散歩』の中で、「ゆりかごの中で詩情の道具を授かった者だけが詩を書ける」「だが、彼らは道具の使い方を学ばなかった」と言った。そして、「もし彼らが道具をこなし、磨くすべを知ったなら、精霊がそれを扱うときが必ずや来るだろう」と。

あなたは道具を授かったには違いないが、その使い方を正しく学ばなかったかもしれない。そうだとすれば、精霊があなたに近づく助けを、本書が果たすだろう。私は固くそう信じている。

# 第1章　メッセージこそ重要だ

この章で述べるのは、「読者に伝えたいメッセージを明確化せよ」ということである。従来の文章読本は、この点をあまり重視していなかった。しかし、論述文の場合には、これこそが文章作成作業の核心である。それ以外の注意は、付けたりにすぎない。

## 1 メッセージとは何か？

### メッセージが八割の重要性をもつ

文章を書く作業の出発点は、メッセージの明確化である。これは、「読者にどうしても伝えたい」内容だ。論述文の場合には、主張や発見である。例えば、

> (I) 仕事を効率的に進めるには、書類の整理をうまく行なう必要がある。

では、メッセージになっていない。主張でもないし、発見でもないからだ。これは、当たり前のことを確認しただけである。

これに対して、

（II－1）書類は、内容別に分類するのでなく、時間順に並べるのがよい。

という命題なら、メッセージになっている。これは、明快な主張だからである。

このような命題を、論文では「仮説」という（なお、作業を始める段階では、仮説が正しいかどうか、必ずしもわからない。作業の過程で、それを明らかにしてゆく。仮説が否定されたとしても、それは一つの発見だから、論文になりうる）。

学術的な論文が成功するか否かは、九割以上、適切なメッセージを見出せたかどうかで決まる。うまいメッセージを見出せれば、ほとんど成功だ。適切でないメッセージの場合、文章を書く段階にまでいたらず、頓挫《とんざ》することが多い。書き始めても、成功の確率は低い。

エッセイ、評論、解説文などの場合には、メッセージの重要度は、学術論文の場合に比べれば低い。それでも、文章が成功するかどうかは、八割方メッセージの内容に依存している。こうした文章の場合には、主張や発見という性格は薄れるので、「メッセージ」の代わりに、「テーマ」または「主題」と言ってもよい。

私は、いくつかの雑誌に連載エッセイを書いているが、執筆作業で最も苦労するのは、テーマの発見だ。うまいテーマが見つかれば、あとは何とか書ける。

「メッセージこそ重要」という観点からすると、多くの文章読本が述べている内容——一文一意主義をとるか長い文章でもよいか、主語と述語がねじれていないか、起承転結方式か三部構成か、等々——は、文章の成功にとって、せいぜい二割以下のウェイトしかない。あるいは、幸運にもすでに適切なメッセージを見出している人が、文章の「見かけ」を改良してゆくための方法だ。

私自身も、文体や言いまわしが気になり、本書の第5章、第6章で述べるような推敲《すいこう》を綿密に行なっている（本書はこれを「化粧」と呼んでいる）。数百回も修正することがある（決して誇張ではない。第7章で述べるように、パソコンで書いているため、大量の推敲が容易にできる）。しかし、これはやりすぎであり、自己満足のためでしかないと、しばしば思う。重要なのは、形式ではなく実体、つまり伝えたいメッセージの内容なのである。

## ひとことで言えるか？

ある命題を「メッセージ」と言えるかどうかは、どのように判断できるか？

第一の条件は、「ひとことで言えること」だ。

この規定は、単なる外形基準であり、内容とは関係がないと思われるかもしれない。しかし、私の経験から言うと、これこそが最も重要な条件である。

博士論文の口述試験の際、発表が終わってから、「それで、君の言いたいことは、要するにどういうことか？　ひとことで言えば何だ？」と尋ねることが多い。これは、発表が要領を得なかったからである。これに対する答えが再び要領を得ないものになったら、その論文はホープレスだ。発表者は、適切なメッセージを捉えていない。

同じような経験は、何度もある。修士論文の口述試験で、「先行業績とどこが違うか、あなたの発見が何かを五分で説明せよ」と最初に指示したにもかかわらず、一五分たっても論文の半分しか進まない。「あと二分で」と追加指示するが、やはり長々と続く。これは、適切なメッセージがないことの証拠である。もし「どうしても伝えたいメッセージ」があれば、一〇秒で言えるはずだから。

これとは逆に、きわめて適切なメッセージが返ってくる場合もある。社会人大学院の入試面接のとき、会社で広報の仕事をしていた受験生に、「仕事で何に苦労したか？　その結果、何が重要とわかったか？」と聞いてみた。答えは、「社内向けと社外向けでは、アピールすべきポイントが違う。その違いを押さえるのが重要とわかった」ということだった。非常に的確に、そして簡潔に、ポイントをついている。このメッセージをもとに、本を一冊書くこともできるだろう。

ところで、11ページであげた文例（II－1）は、一九九三年に中公新書として刊行した

『「超」整理法』のメッセージだ。私がこれまで書いた他の本の場合も、メッセージは、ひとことで言える。自分が書いた本のことで恐縮だが、列挙してみよう。

(II－2)『続「超」整理法・時間編』スケジュールを作るには、長期間を一覧できる日程表が必要だ。
(II－3)『「超」整理法3』書類を捨てるためには、「とりあえず捨てる」ためのバッファー(緩衝装置)が必要だ。
(II－4)『「超」勉強法』単語帳で個別の単語を覚えようとするから、英語が上達しない。教科書を一冊丸暗記するのがよい。

**書きたくてたまらないか?**

適切なメッセージが見つかれば、「どうしても書きたい。突き動かされるように書きたい。書きたくてたまらない」と考えるようになる(なお、こうしたメッセージは、必ず「ひとことで言える」)。これが、ある命題がメッセージと言えるための、第二の条件である。

メッセージは、実用的である必要はない。例えば、出勤途中で会う猫を観察して、

## （III）猫は笑う（こともある）。

と、ある日発見したとしよう。これは、書くに値するメッセージだ。なぜなら、書きたくてたまらなくなるだろうから（ただし、社内報のエッセイ欄用だ。学期末論文には使えない）。

「書きたくてたまらない」ことは、何らかの意味での発見である。世の中で言い古されたことなら、こういう気持ちにはならない。

### 盗まれたら怒り狂うか？

摑《つか》んだものが「メッセージ」と言えるかどうかは、つぎのように確かめることもできる。

Aさんと話していて、これから書く原稿のアイディアを話したとする。しかし、その原稿が印刷される前に、Aさんの名で雑誌に載ってしまったとしよう。つまり、アイディアは盗まれてしまったわけだ。

その時、あなたが怒り狂い、あらゆる手段を講じて、「私こそアイディアの発案者」と主張しようとするのであれば、そのアイディアは、「書くべきメッセージ」だったのだ。

Aさんの文章が、あなたが書くよりも遥かに上手な言いまわしで、遥かにウイットが効いていたとしても、そして、知らない引用で飾られ、あなたには思いつかない巧みな比喩で説明されていたとしても、元のアイディアが「書くに値するメッセージ」であれば、必ずそう思うはずである（文章において重要なのはメッセージであり、言いまわしやウイット、あるいは引用や比喩ではないことが、これからもわかる）。

## 見たまま感じたままでは駄目

「感じたことをそのまま書きましょう」と言われることがある。われわれの世代は、小学校の国語の時間にこう習った。* 「誰もがもっているナイーブな感性を大切にしよう。だから、見たまま、感じたままを書こう」と言う人が、いまでもいる。右で述べた言葉を使えば、「明確なメッセージがなくてもよい」ということだ。

しかし、この考えは、間違いである。見たまま、感じたままで出てくるのは、「感性豊かな文章」ではない。つぎのように、あくびが出るように退屈な文章だ。

> （Ⅳ－1）朝起きた。顔を洗った。食事をした。新聞を見たら、こんな記事が出ていた。着替えをして、家を出て、電車に乗った。

どこにも焦点が合っていない。だから、ひとことで言えていない。何を主張したいのか、わからない。ここには、何のメッセージもない。

焦点が合っていない例を、もう一つあげよう。これは、ある雑誌の編集後記（を少し書き替えたもの）だ。

（Ⅳ－2）二一世紀の始まりであり、そして新しいミレニアムの始まりでもある二〇〇一年。大きな期待で迎えたのだが、現実は、失業率の上昇と企業破綻《はたん》の連続であった。景気がいつ持ち直すのか見当がつかず、重い雲が日本を覆っている。そして、九月には同時多発テロがアメリカを襲った。戦争というものが、そして国家というものが、根本から変わってしまった。

こういう文章は、書いているほうも「つまらない」と思っているのだろうが、読まされるほうは、「どうしようもなくつまらない」と思っているのである。

＊「見たまま感じたまま」主義は、一九三〇年代に小砂《ささ》丘忠義《おかただよし》の「生活綴方《つづりかた》運動」によって始まり、戦後、無着成恭《むちゃくせいきょう》などに引き継がれた考えである。文集『山びこ学校』はベストセラーになり、戦前教育を否定する世情の中で、学校教育の模範的存在になった。

谷崎潤一郎といえば「虚構」とか「技巧」の代表選手だと考えていた私は、彼の『文章読本』（中央公論社、一九三四年。中公文庫、一九七五年）の中につぎの言葉を発見して、心の底から驚いた。

「文章の要は何かと云えば、自分の心の中にあること、自分の云いたいと思うことを、出来るだけその通りに、かつ明瞭に伝えることにあるのでありまして、手紙を書くにも小説を書くにも、別段それ以外の書きようはありません」

「見たまま感じたまま」主義と同じなのかどうか、これだけでは必ずしも判断できない。しかし、「意匠をこらさずに書け」といっているように読める。

谷崎は嘘をついているとしか思えない。それに、「出来るだけその通り」と「明瞭に」は、通常は矛盾している。「その通り」に書いたことがそのまま「明瞭」になるとしたら、書き手は異常に明晰《めいせき》な頭脳の持ち主だ。

## ピントを合わせる

文章を書く作業は、見たまま、感じたままを書くことではない。その中から書くに値するものを抽出することだ。見たこと、感じたこと、考えていることの大部分を切り捨て、書くに値するものを抽出する。これは、訓練しないとできないことである。

では、右にあげた文例（Ⅳ－1）で列挙されていることの中から、「通勤電車」に絞ったらどうだろうか？

（V－1）電車はいつも混んでいる。新聞も読めない。何とかならないものか。政府の都市政策はどうなっているのだ。

たしかに、主張にはなっている。しかし、これは誰もが感じていることだ。酒席でのうさ晴らしにはなるが、文章にしたところで読む人はいないだろう。面白くもないし、ためにもならないからだ。依然としてピントが合っていない。

しかし、もし「満員の通勤電車を有意義に過ごす方法」というアイディアを見出したのなら、それは書く価値がある。例えば、

（V－2）録音テープで英語の勉強をするには、通勤電車は最適の環境だ。他にすることがないから集中できる。いくら混んでいてもできる。通勤時間がまったく苦にならなくなった。

ついにメッセージが見つかったのだ。あるいは、

（V－3）電車の窓から外を見ると、景気の現状がわかる。とくに注目すべきは次のもの。

という発見でもよい。これも、ためになるだろう。また、通勤電車をこのような観点からみることと自体が、面白いメッセージになっている。

**広いと浅くなる**

「ピントを合わせる」を言い換えれば、「広すぎるテーマはだめだ」ということだ。「人生の目的は何か」、「幸福になるにはどうしたらよいか」、「世界に恒久平和をもたらすには」といったテーマだ。経済学でいうと、「貨幣の機能」とか「租税の本質」といった類《たぐい》のテーマがこれにあたる。

なぜだめなのか。第一に、広いテーマを一定の字数で論じようとすれば、どうしても浅く、薄くなってしまう。間口ばかり広くて、深みのない内容になる。

通勤電車をどう過ごすかなら、一五〇〇字あれば意味ある文章が書ける。しかし、人生をどう有意義に過ごすかをこの字数で論じようとしても、意味ある内容にはなるまい。

第二に、こうしたテーマは、すでに先人たちによって論じつくされている。それに付け加えられることは、残念ながらほとんどない。なにしろ、人類が文字を獲得してから、すでに数千年がたっているのだ。

社内報の「今月の提言」などという欄に寄稿を求められると、「広すぎるテーマ」を選ぶ人が多い。また、卒業論文や学期末論文でも、課題を自由にしておくと、こうしたテーマが多くなる。

「論文は高尚なテーマでないといけない」という思い込みがあるから、こうなるのだろう。気宇壮大なのはいいが、ほとんどの場合、気の抜けたビールのような内容になる。

## 適切なメッセージは発展性がある

前にあげた「通勤電車で英語の勉強」というメッセージは、そのための具体論だけでなく、英語教育の問題点の指摘など、さまざまな方向に発展しうる。

「猫は笑う」というメッセージ（III）からは、「人間にも猫タイプと犬タイプの二種類がいる」といった発見に発展しうる。適切なメッセージは、いくらでも発展してゆくのだ。

また、適切なメッセージに対しては、反対論も多い。「笑うのは猫ではない。犬である」といった反対論は当然予想しうる。前提や仮定の違い、あるいは立場や価値観の違いによって、異なる結論となる場合も多いだろう。

あなたの文章が出発点になって、さまざまな議論が展開してゆくかもしれない。それは、最初の議論が不十分であったことを意味するものではなく、むしろ重要な問題を見出したことの証拠なのである。

### 対象が同じでも切り口は違う

二〇〇二年の二月初め、田中外相の辞任に伴って小泉内閣の支持率が急落した直後、小泉純一郎首相が施政方針演説を行なった。つぎの二つは、これを報道する夕刊一面のトップの見出しである。

A新聞「小泉語、消えた。聖域なき構造改革も、郵政民営化も」
B新聞「デフレ阻止へ強い決意。構造改革揺るがず」

この二つは、非常に対照的だ。A紙は、演説に対する明確な評価を伝えている。つまり、メッセージ性が明確なのである。これに対してB紙は、施政方針演説が強調した点を書いているだけなので、支持か批判かが、はっきりしない。どちらが「読みたくなる記事」かと言えば、どうしてもA紙になる。

この場合、報道の対象は決まっている。それをどのように切るかがメッセージだ。だから、「視点」と言ってもよい。課題論文において最も重要なのは、このような「切り口」である。

ちなみに、A紙は「ないもの」を探している点で、プロの視点を示している。旧ソ連時代に、クレムリン・ウォッチャーは、『プラウダ』に何が載っていないか、とくに誰の名前がないかを、綿密に探した。当然載っているべき人の名がなければ、失脚した可能性が高い。「見えるものの中からとくに目立つもの」を指摘するのは、素人《しろうと》にもできる。しかし、「あって然るべきものがない」と指摘するには、対象に関する深い知識が必要である。だから、プロにしかできない。

テーマに行き詰まったら、考察対象を仔細に眺め、「何がないか」と探すのもよいだろう。

## 真似してよいか？

中心的なメッセージにおける嘘や盗作は、もちろん許されない。専門的な論文では、バイタルな（つまり生死にかかわる）問題である。学術論文の結論が偽造された実験データに基づくものと判明すれば、ただちに学者生命を失う。遺跡偽造の例を引くまでもないことだ。

盗作も同じである。しかし、完全な引き写しをしていないかぎり、「盗作」と断定するのは難しい。学生の論文を盗作した指導教官の話、外国の専門誌に載った論文を自分の論文として盗用した学者の話などが、あとをたたない。アメリカで出版された有名な教科書を、スタイルや内容をほとんど模倣して日本語で自著の教科書として出版し、ベストセラーにした人もいる。

日本では、こうした話は学者サークルの内輪の噂話として語られるだけで、社会的な問題にはならない。基本的には書き手の倫理観の問題だが、書籍や雑誌の編集者は、もっと厳しい態度で臨むべきだと思う。

以上で述べたのは、専門的な内容の論文や教科書についてである。では、エッセイや文学作品ではどうだろう?

全体を一字一句書き写すのが認められないのは明らかだが、中心的なアイディアの借用はどうか? これについて、SF作家アイザック・アシモフは、「事実がそうでなくとも、疑いをかけられることは恐ろしい」と言っている。

彼の出世作であり最高傑作である『夜来る』(原題 *Nightfall*)は、一九四一年の作品である。ところが、一九三七年の天文雑誌『スカイ』に、ほとんど同じ内容の短い記事があった。アシモフはそれを読んでいなかったのだが、読んでいたと推測されても反論できないほど似ている。彼は、その経験を踏まえて、「盗作(を疑われること)は、作家にとって悪夢。作家でない人間に、その恐ろしさは想像できないだろう」と言う。*

昔読んだ文章が頭の中に残って、あたかも自分のもののようになっていることもあるだろう。また、考え方の模倣ということもある。実際、「創造」と言われることのほとんどは、何らかの意味で先人の業績をベースにしている。だから、模倣と創造の線引きは難しい。他の著作への依存度が高い場合には、出典を明記しておくのが安全だ。

＊　アイザック・アシモフ（嶋田洋一訳）『ゴールド』早川書房、二〇〇一年。

## 嘘でもよいか？

「嘘」というと詐欺行為のように聞こえるが、「フィクション」といえば、そうではない。SFはもともと「フィクション」と称している。これにフィクションが含まれていたところで、何の問題もない。

『後宮小説』という大変面白い小説がある。[＊] 私は、最後のページに来るまで、歴史的事実だと信じこんでいた。最後の最後で騙《だま》されていたことに気づき、「騙される快楽」というものがあることを知った。

判断が難しいのは、エッセイなどで「友人がこう語っていた」というのがじつは自分の意見であったり、講演で「この会場に来る途中でこういうことを見ました」というのが創作であったりする場合だ。

「こうしたことにも潔癖であるべきだ」という意見はあるかもしれない。しかし、私はもう少し寛容だ。中心的な主張にフィクションが含まれていれば問題だが、周辺事項に多少の脚色があっても、認められるのではないだろうか？

＊ 酒見賢一『後宮小説』新潮社、一九八九年。

**小説にメッセージがあるか？**

「メッセージこそ重要だ」とこれまで述べてきた。しかし、この点は、これまでの文章読本ではあまり強調されてこなかった。なぜだろうか？　一つの理由は、従来の文章読本の対象が本書の対象とは異なる点にある。

実際、小説、戯曲、詩などの文学作品には、メッセージがあるのかどうか、あるいは必要なのかどうか、疑問である。スティーブン・キングは、つぎのように述べている。[＊]

「何を書くか？　書きたいことを書けばよい。何だろうとかまわない。偽りでない限りは。（中略）短編であれ、長編であれ、小説の要素は三つである。話をA地点からB地点、そして大団円のZ地点へ運ぶ叙述、読者に実感を与える描写、登場人物を血の通った存在にする会話。この三つで小説は成り立っている。構想はそのどこに位置するかと問われれば、私としては、そんなものに用はないと答えるしかない」

「構想に重きをおかない理由は二つある。第一に、そもそも人の一生が筋書きのないドラ

### マイクル・クライトンに「騙された！」

マイクル・クライトンの出世作（にして最高傑作）『アンドロメダ病原体』には、病原菌についての医学的な専門論文の参考文献目録がある。その中に、小説の主人公ジェレミー・ストーン教授の書いた論文が混じっている！

米国の大学院で学ぶ学生にとって、参考文献リストは、悪夢である。あるテーマを追求する以上、それに関連する論文は、全部目を通しておかなければならない。「リーディング・アサインメント」という長大な文献リストが講義で配られる。そこにある文献を、1週間後の講義の時間までに読んでおかなければならない。図書館にある専門誌に学生が殺到するので、順番を待たねばならぬときもある。クライトンも、学生時代に悪夢にうなされた経験があるのだろう（彼は、ハーバード大学医学部の出身）。その悪夢を作品中でパロディにできると気づいたとき、快哉《かいさい》を叫んだに違いない。私も、大学院の学生当時にこの文献目録を見たとき、「ブラボー」と叫んだ。『アンドロメダ病原体』には、きわめて的確な引用も多い。この小説のためにわざわざ作られたのではないかと思われるほど、ピッタリなのだ。

数年前、ある雑誌の座談会で、クライトンと対談する機会があった。「これほど的確な引用をどうやって見つけたのか？」という私の質問に対して、彼は、いたずら小僧のように笑って答えた。「あれは創作だよ」　□

マである。（中略）第二に、構想を練ることと、作品の流れを自然に任せることはとうてい両立しない。（中略）作品は自律的に成長するというのが私の考えである。作家の仕事は作品に成長の場を与え、その過程を文字に写し取ることだ」

キングの言う「構想」は、ここでいう「メッセージ」と完全に同じものではない。次章で述べる「プロット」も含まれていると思われる。しかし、論述文でメッセージが核であることと比較すると、だいぶ違う状況にあることは間違いない。

しばしば、文学作品に対して、「作者は戦争の悲惨さを世に訴え、戦争廃絶の願いを世に送ろうとしている」という類の論評がなされることがある。つまり、それがメッセージというわけだ。しかし、戦争廃絶という主張であれば、現実世界でそれをいかに実現しうるかを論理的に主張すべきであろう。これは、論述文の守備範囲である。

それに、メッセージが強すぎれば、小説とは言えなくなる。トールキンの『指輪物語』に対して、「指輪」が象徴するのは政治権力だとか、科学技術だとかいう類の論評が数多くなされてきた。しかし、トールキンはそのすべてを否定した。当然のことだろう。

「『指輪物語』を一〇回読んでもまだ渇きは癒されない」と言う人は多い。「三〇回までは数えたが、あとは何回読んだか、わからなくなってしまった」と言う人もいる。キングは言う。

「千ページ読んでも、人は作者が作り出した世界を去り難く、そこに生きる架空の人物と別れるのは辛い。二千ページを読み終えても、現実の世界に帰る気になれない」

彼らは、叙述と描写と会話に魅せられたのだ。メッセージに魅せられたのではない。

＊　スティーヴン・キング（池央耿訳）『小説作法』アーティストハウス、二〇〇一年。

### 理科系の文章の場合

これに対して、「理科系の文章」の場合には、メッセージはすでに存在している。木下是雄氏は、つぎのように述べている。＊

「調査報告を起草するときには、与えられた課題に関する調査は終って書くべき材料はそろっているはずだ。また、原著論文を書くのは実験あるいは理論的考察が完了し、結論が出てからである」

「理科系の仕事の文書では、主張が先にあってそれを裏づけるために材料を探すなどということはありえない」

そのとおりである。理学部や工学部の研究室で、研究者が原稿用紙を前にして（あるいはパソコンを前にして)、「さて、これから何を書くべきか。私が書くべきメッセージは何だろう?」と考え込むことはありえない。「書きたくてたまらないメッセージ」は、すでに存在しているのである。

しかし、純粋理科系文章を別とすると、論述文で「メッセージは何か」を問題にしなければならない場合は、多々存在する。社内報や同窓会会報への寄稿、学校の自由論題作文、修学旅行の感想文、就職試験で事前に提出すべき自由論題論文、自分史等々である。自作ウェブにエッセイを掲載できるようになれば、こうした場合は増えるだろう。

「メッセージは何か」が問題になることこそ、本書で対象とする文章の特徴である。

* 木下是雄『理科系の作文技術』中公新書、一九八一年。

## 2 どうすればメッセージが見つかるか?

### メッセージが見つからないとき

「どうしても書きたいこと」をあなたがすでにもっているのであれば、以下を飛ばして、3に進んでいただきたい。

『「超」整理法』で書いた(II-1)のメッセージは、本を書く必要に迫られて考えたのではない。あるとき、天使がこのメッセージをもって私のところにおりてきたのである。こうした場合の問題は、論点をいかに組み立て、わかりやすく書くかだ。これは、本書の第2章と第4章で論じている問題である。

実際には、1の最後に述べたように、文章を書く必要がまずあり、「何を書いたらよいか」に悩む場合が多い。私自身も、連載エッセイの締切りが迫り、「何を書いたらよいか」と追いつめられることがしばしばある。

あるいは、対象は決まっていても、「どんな切り口で捉えるか？」という視点がうまく設定できない場合もある。学期末の課題論文の場合の問題は、こういうことだ。

こうした場合に、どうすればメッセージを発見できるか？

## 考え抜くしかない

メッセージを見つけるには、「考え抜く」しかない。すると、あるとき啓示がある。後ろを見ると、天使が立って微笑んでいるのだ。

「あなたはどうやって万有引力の法則を発見したか？」という問いに対するニュートンの答えは、有名だ。彼は、「ひたすら考え続けることによって」と答えたのである。

まったくそのとおりだ。これ以外のどんな答えがありえよう？

アイザック・アシモフは、アイディアに詰まった友人のSF作家から「どうやってアイディアを出すのか？」と相談されて、こう答えている。*

「どうやってアイディアを出すかって？　考えて考えて、窓から飛び出したくなるほど考え抜くしかない」

「問題は、どれだけうまく考えられるかである。へこたれることなく、どれくらい長く持続的に考え続けることができるかだ」

「考えないかぎりアイディアは生まれない」というのは、ほぼ自明のことだ。問題は、その裏命題、つまり、「考え抜けば、アイディアが降臨するかどうか」だ。私は、多くの場合にこれが正しいと信じている。

メッセージを見出せるかどうかは、好奇心の強さにもよる。しかし、これは必ずしも生まれつきの性癖ではない。必要性があれば、好奇心は強まる。つまり、心の準備ができるわけだ。すると、メッセージがひっかかってくる。

ルイ・パスツールは、「チャンスは、心構えのある者を好む」と言った。米国のジャーナリスト、ホレス・ジャドソンは、「偶然は、準備の整った実験室を好む」と表現した。

ニュートンと林檎《りんご》の話を思い出してみよう。林檎が木から落ちるのを見た人は、ニュートン以前に数え切れないほどいた。しかし、誰一人、それを万有引力と結びつけることができなかった。ニュートンだけができたのだ。それは、考えに考え抜いて、着想の一歩手前まで来ていたからである（このエピソードは作り話のように思えるが、ニュートン自身が手紙に書いているので、事実なのだろう。なお、正確に言うと、ニュートンはこの時、万有引力の存在を着想したのでなく、「林檎が地に落ちるのに、なぜ月は落ちないのか？」と考えたのだといわれる）。

私は、雑誌に連載を始めてから、じつにさまざまなことに興味をもつようになった。街を歩いていても、新聞や雑誌を読んでいても、いつの間にか材料探しをやっている。「これは使える」というものに出会うと、大変な収穫をした気持ちになる。

あるエッセイストが、どんなつらいことや不幸なことに出会っても、「エッセイのたねにできると思える」と言っていた。私も、その気持ちがわかるようになった。これは、一種の職業病である。

＊　アシモフ『ゴールド』（前掲）。

## 対話で見つかる

メッセージの多くは、対話の過程で見つかる。「考え抜く」のは自分の内面のプロセスだが、それが異質なものとぶつかったとき、何かが生まれるのである。

私がエール大学で勉強していたとき大切にしていたのは、コーヒーメーカーが置いてある小さな部屋での雑談だった。大学院生や若いスタッフが、この部屋にふらっと立ちよる。そこで「どんなテーマがいま流行《はや》っているか」という類の話が出る。これは、教室の講義よりずっと有用な情報を与えてくれた。

友人との会話の際に、自分の考えを持ち出してみよう。あらたまった研究会での議論でよりは、何気ない会話の中で、忌憚《きたん》のない意見を聞けるだろう。思いもかけぬ視点からの意見もありうる。

私は、インタビューの機会を大事にしている。話しているうちに、それまで気づかなかった視点を見出すことが多いからだ。インタビュアーの言葉に見出すのではない。私自身が思いつくのである。それをメモしている。インタビューを受けているのでなく、じつは、こちらがインタビューしているのだ（ただし、これは、インタビュアーが有能な場合のことである）。「野口先生は、講義の途中にメモを書いている。何を書いているのだろう？」と学生に不思議がられたこともある。話している途中でひらめいたことを、ノートにとっているのである（本の原稿にするため）。

問題意識をもって本を読むのも、対話の一種である。「一種」というよりは、「非常に重要な」対話だ。読書とは、受動的に教えてもらうことではない。論文の飾りを見つけるためのものでもない。本の著者は論争の相手である。ただし、対話が成立するためには、こちらが問題意識をもっていることが必要だ。

パソコンで書いたものを、紙に打ち出してみる。それを持ち歩く。読んでみて気づいたことを書き込む、あるいは、修正する。自分自身が書いたものなのだが、打ち出してあると、客観的に眺めることができる。つまり、対話が成立するのだ（これについては、第7章でもう一度述べる）。

### なぜ「得意科目」でやらないのか？

会社の経営者で、会社の経営と無関係な世界情勢や、抽象的な経済理論のことを書く人がいる。

もちろん、それもいいのだが、なぜ経営の実体験に基づいたことを書かないのだろう？「日本人は農耕民族だから、アングロサクソン流の経済制度は合わない」とか「市場経済にはやはり限界がある」などということより、「私の会社はこのようにしてピンチを脱した」という話のほうが、ずっと説得力がある。そうすれば、どんな学者にも書けない迫力のあるものが書けるのに。

社会人の学生の博士論文指導をしたことがある。論文の内容は、教科書の目次そのものだった。なぜ実務体験に即したテーマを求めないのだろう。そうすれば、指導教官より遥かに優れた論文が書けるのに。

「エッセイは雑誌に評論家が書いているようなものでなければならず、論文は教科書に書いてあるようなテーマを取り上げなければならない」という思い込みがあるようだ。しかし、じつはまったく逆である。評論家は実務経験がないから、やむをえず農耕民族や市場経済の話をしているのである。教科書に書いてあるのは重要な論文の内容をまとめたものだから、もう論文にはならない。論文になるのは、教科書に書いてないことだ。

以上で述べたことは、「比較優位を活用せよ」ということでもある。比較優位は、どんな人ももっている。それをこそ発揮すべきである。

もちろん、専門外のことを書きたいという気持ちはわかる。人間は、自分が弱い分野や不得意分野について書きたくなるバイアスをもっているようだ。「私は、経済学とか財政学とかいう無味乾燥なものしか知らない人間だと思われているようだが、そうではないぞ」と言いたくなるのである。私も、エッセイを書いていて、文学や音楽の話を書きたくなる。これはまことに楽しいものだ。しかし、それが所詮素人談義にすぎないことも自覚している。

ただし、専門にとどまれば、専門外の人にメッセージを送ることはできない。自分の専門や経験を土台として他の問題を見ることができるかどうか、専門から出発して一般に通用する法則を見出しているかどうか。それが問題である。

## 「窓から飛び出したい」とき

「締切りが迫っているのにメッセージが見つからない」ことは、日常茶飯事である。ついこの間は、こんな具合だった。

新聞の連載コラムで、税の問題について書くつもりだった。数日かけて一応の草稿は作ってあり、それはすでにパソコンの中に入っている。しかし、どうもメッセージが弱い。内容が散漫で、迫力がない。要するに、「ひとことで言えない」。それに、「こんなことは、誰もが言っているなあ」という気もする。

締切りの前日、地方で講演会があり、完成稿を仕上げるためにノートパソコンを持参した。行きの便では、草稿を推敲する気になれなかった。何か別のメッセージはないだろうか？　飛行機の窓の外を見ながら、考え続けた。しかし、浮かんでこない。せっかく重いパソコンを持ち歩いたのだからと思ったのだが、帰りの便でも、開く気になれなかった。

羽田について、バスに乗った。まだメッセージが出てこない。一日中考え続けたというのに、駄目だ。結局駄目だろうか？　アシモフは「窓から飛び出したくなる」と言うが、私もバスの窓から飛び出したかった。

このときは、三宅坂のトンネルを出たところに、天使が立っていた。草稿に書いたのとは別の、非常にはっきりしたメッセージを、突然思いついたのである。どのような「骨組み」で書けばよいかも、たちどころにわかった。

家に帰りついたのは夜の一〇時を過ぎていたが、その日のうちに新しい原稿を書き上げることができた。パソコンにあった草稿は、もちろん捨ててしまった。

## メッセージ発見機はあるか？

メッセージ発見について言いうるのは、以上である。「ずいぶん簡単だな」と不満をもたれた読者が多いだろう。もしメッセージが八割の重要性をもつのなら、なぜ「メッセージの発見法」に本書の八割をさかないのか？

これに対しては、「マニュアル的ノウハウがないから」と答えるしかない。ノウハウがないことを知るのが、ノウハウなのである。

昔から、メッセージを得るために、さまざまな人が、じつにさまざまなことを試みた。ジャン・コクトオは、「霊感を得るために、角砂糖一箱を全部食べて、外套《がいとう》を着たまま寝てみた」そうである。* ジェイムズ・ジョイスは、牛乳配達夫の服装をして原稿を書いたという**

（朝のイメージが想像力をかき立てるのだろう）。

　スティーブン・キングが紹介している話では、一九二〇年代のベストセラー作家エドガー・ウオーレスが、発想機械を作って特許をとった。** 作家が筋の運びで行き詰まったとき、プロット・ウイールというものを回すと、表示板に「不意の来客者」とか「愛の告白」といったヒントが出る。この仕掛けは、飛ぶように売れたそうである（この機械が示そうとしているのは、「メッセージ」と言うよりは、第2章で述べる「プロット」だと言うべきかもしれない）。

　もっとも、これで作家が増えたという話も聞かない。メッセージを見つけるのは難しいので、この世が作家や評論家であふれてしまうことはないのである。

　私自身も、苦し紛れにいろいろな方法を試みたことがある。インターネットの関連サイトを見る、新聞記事の見出しだけを見る、それに反対する意見を考えてみる、等々。

　しかし、こうした方法で面白いテーマが見つかることは、あまりない。それよりは、机を離れ、散歩するほうがずっとよい。アシモフが言うように、「考え抜く」しか方法はないのである。できることは、「考え抜くための環境」を準備することだ。

　邪魔になるものは、排除しなければならない。一日一〇〇通のメールに返事を書かねばならぬ人が考え抜く時間を確保できたら、奇跡としか言いようがない。一日五〇人に面談しなければならぬ人や、一日五回の会議に出なければならない人も、同様だ。

もちろん、そうした生活から抜け出せない人は多い。私としては、「お気の毒に」としか言いようがない。

そして、テレビと縁を切ることだ。私は他の機会にテレビの悪口を書きすぎてしまったので、テレビ局の人たちの反感をこれ以上買わぬよう、ここではスティーブン・キングの引用にとどめることにしよう。**


「作家志望者にテレビはいらない。物知りぶったニュース解説や、忙しい株式市況や、気違い染みた絶叫が途切れる間もないスポーツ中継を聴きたいなら、自分は本当に作家を目指しているかどうか、胸に手を置いて考えたほうがいい。今は、思索と想像の人生に向けて沈潜すべき時である」

「本を読むには時間がいる。ガラスのおしゃぶりは時間を取りすぎる。束の間のテレビ飢餓から抜け出すと、読書の歓びを実感するようになる。際限もなくしゃべりまくる四角い箱の電源を切れば人生は充実し、同時に、文章の質も高まることは請け合いである」

* 三島由紀夫『文章読本』中公文庫、一九七三年。
** キング『小説作法』(前掲)。

## 3　ためになり、面白いメッセージか？

### ためになるか？

幸いにもメッセージを見出しえたとしよう。しかし、そのメッセージは、書くに値するものだろうか？

必要条件は、以下に述べるような意味において、「ためになるか、あるいは面白い」ことだ。つまり、どちらか一方の条件を満たさなければならない。「ためになり、しかも面白い」なら、十分である。だから、メッセージを考えついたら、以下を参照して、「ためになるか？　面白いか？」と何度も自問してみよう。

「ためになる」とは、有用な情報を含んでいることだ。これは、食べ物でいえば、栄養分にあたる。「有用な情報」とは、読者の行動や考えを変える原因となりうるものだ。最低限、それまで漠然と認識していたことを明確化させる効果をもつべきだ。読者がすでに熟知していることなら、こうはならない。

例えば、旅行ガイドブックにある情報が有用なら、ホテルやレストランの選択が変わるだろう。ガイドブックは、この意味において有用な情報を含んでいなければならない。

前にあげた文例（V－2）や（V－3）を読んだ読者の中には、通勤電車の過ごし方を変える人もいるだろう。したがって、これは、「ためになる文章」である。すべての人にとってためになるものでなくともよいが、多くの人にとってためになることが望ましい。

経済に関するテーマで言えば、「中国に進出して成功したのはどんな企業か？」という類の情報は、「ためになる」。これに対して、文例（IV－1）や（IV－2）を読んでも、行動や考え方を変える人はいないだろう。だから、これらは「ためにならない」文章である。

なお、「ためになる」のは、いろいろな場合がある。雑談やスピーチの種になるだけでもよい。新しい視点、捉え方でもよい。十年後にためになることでもよい。

有用な情報であれば、面白さは必ずしも必要ない。実際、『ミシュラン』のガイドブックでは、多くの情報を記号で示している。

1で、小説にメッセージはなくてもよいと言った。これらの文章は、ストーリーが面白ければよいので、ためにならなくともよい。

ためになるかどうかは、素材である情報の質の問題だ。情報は、正しく、信頼できるものでなければならない。ためになる情報を得る方法は、取材、研究・調査などである。これは、文章を書く以前に必要とされる作業だ。こうした作業をどう進めるかは、分野によって非常に違う。本書は、この問題は扱わない。

**面白いか？**

「面白いかどうか」は、食べ物でいえば、「おいしいかどうか」である。論述文における「面白さ」は、多くの場合、謎解きと発見の面白さだ。つまり、好奇心を呼び起こし、それを満たしてくれることである。

例えば、

| |
|---|
| (VI) A氏がたちあげたベンチャー企業は、短期間のうちに急成長した。その秘密は、以下の諸点にあった。 |

これは、多くの人にとって「面白い」メッセージだろう。ベンチャーなら新しい事業であるに違いない。「どんなビジネスを考えついたのだろう」と興味をそそられる。一般に、「秘密の解明」は、多くの人の興味を集める。

なお、このメッセージは、「ためになる」ものでもある。なぜなら、成功の秘密は、模倣できるかもしれないからだ。少なくとも事業展開のヒントになるだろう。

政府の白書や総理大臣の施政方針演説は、ためにはなるかもしれないが、面白くない。白書の場合、昔はそうでなかった。魅力あるタイトルをつけ、読者にアピールしようとしていた。いつの頃からか、それを意識しなくなったようだ。白書は、「偉く」なってしまったのである。就職の面接試験用に買う人が必ずいると思っているからだろうか。日本で出版されている多くの教科書も、面白くない。読者を獲得しようと意識しない文章は、傲慢《ごうまん》な文章だ。*

面白いかどうかは、ストーリーの作り方にもよる。論文にもストーリーはある。それは、調理のしかたであり、「味つけ」の方法である。これについては、第2章で述べる。

なお、「面白さ」には、謎解きの興味以外のものもある。落語やジョークの面白さ、あるいは駄洒落《だじゃれ》などだ。また、文章の軽妙さ、洒脱さが面白く感じられることもある。ただし、論述文では、こうした要素は、あまり重要でない（ないほうがよいと考える人が多い）。

文章には、「面白さ」と別の特性が要求される場合もある。それは、感動だ。ただし、これは本書で扱っているのとは別のジャンルの文章に要求される特性だ。「人を感動させる文章」を書きたい人は、谷崎潤一郎や三島由紀夫の『文章読本』を読んでいただきたい。

なお、事務的な連絡文書は、多くの場合、読者がすでに獲得されているので、面白くする必要はない。「ため」になれば十分である。

＊「わかりやすい文章」も、読者を獲得するための営業努力である。ここで、「文章の書き方」の問題が出てくる。それは、説得と表現の手法である。本書では、これについて、第4、5、

6章で述べる。

## 謙虚でありたい

「面白く」は、読者を引きつけようとする営業努力である。講義の担当教授が書いた指定教科書なら、面白くなくてもわかりにくくても、講義をとった学生は読む。しかし、文章執筆者が、つねにそれほど恵まれた立場にいるわけではない。読者におもねる必要はまったくないが、謙虚であることは必要だ。

このことを自覚さえしていないのが、多くの教師と学者である。「あなたの話は面白くないね」と、面と向かって言われたことがないからだ。学生は試験があるから、つまらない講義をやむをえず聞いているだけなのに。

こうした人々は、文章を書くときにも同じ態度になる。読者に読んでもらうという謙虚さがない。それどころか、「わからないほうが高級」と思っている人も多い。読者諸氏よ、このような文章に、決して惑わされてはならない。訳のわからぬ文章は、高級な文章ではない。ほとんどの場合、読むに値しない文章なのだ。

日本の学者の大部分は、輸入学問を教えている。教えることの内容が正しい（つまり、「ためになる」）ことは、すでに外国で証明されている。だから、権威主義になり、「教えてや

### 質素な身なりの寄付者

ハーバード大学のホームページは、つぎの挿話を紹介している。

1880年代のこと、大富豪リーランド・スタンフォード夫妻は、巨額の寄付を申し出るためにハーバード大学を訪れた。ハーバードの１年生のとき事故死した息子を記念するために。しかし、彼らが質素な服装だったため、総長チャールス・エリオットは、真面目にとりあわなかった。失望した夫妻は、カリフォルニアに向かい、そこに新しい大学を作った。母校に顧みられなかった息子の名を冠した大学を……。

ホームページは、この挿話を紹介したあと、「最近インターネット上で有名になっているこの話は、まったくの創作にすぎず、事実ではない。しかし、傲慢に陥ってはならぬという戒めでもある」と結んでいる。

念のため繰り返すが、この挿話を紹介しているホームページは、スタンフォード大学のではない。ハーバード大学のである。ハーバードでさえ、読者の関心に応えようとし、読者に訴え、読者を引きつけようとしているのである。

こうした面白い話は、日本の大学のホームページでは、発見することができない。トップページに掲げられているのは、誰が読むのかわからない（つまり、メッセージ性のない）「学長の挨拶」だ。日米の差は、歴然としている。 □

ちになる。「私の考えが正しいことを、どうか理解してほしい」という気持ちにはならないのである。

これに対して、新しい考えを最初に発見した人は、エバンジェリスト（伝道者）にならざるをえない。「ためになる内容を、面白く、わかりやすく」話さざるをえない。そうしなければ、古い考えや異教に捉われている人々を目覚めさせることができないからだ。

数学者のピーター・フランクル氏は、いまでも大道芸を続けているそうだ。なぜか？　無名時代、大道芸で観客の笑いを誘うために、大変な苦労をした。面白くなければ、観客は帰ってしまう。いまでは、講演会に行くと主催者が迎えに来る。舞台に上がれば大きな拍手が起こる。「では、ボクは賢くなったのか？」と彼は自問する。「とんでもない。老けただけのことだ」。「人は有名になると、悪い方向に変わる危険がある」。だから、自分を客観的に眺め、原点に戻るために、大道芸をやめないのだという。*

まったく同感だ。というより、諫《いさ》められた。私自身も、老けただけなのに、「偉くなった」と勘違いしたことはなかったか？　大道芸人になったつもりで文章を書いているか？　他人を批判する前に、自分自身を見直さねばならぬと気がついた。

＊「青春の道標」『日本経済新聞』二〇〇一年一二月二九日付朝刊。

## 読者は誰か？

論述文では、読者が誰かを明確に意識することが必要だ。指導教官か、同僚専門家か、学部学生か、大学院生か、ビジネスマンか、あるいはもっと広範囲か。男性中心か、女性中心か。年齢層は。

こうしたことは、格別言われなくても、普通は注意するものだ。また、一般的な雑誌や新聞の記事のように、読者の範囲をあまり明確に絞れないことも多い。ただし、つぎのことに注意しよう。

まず第一に、「ためになる」かどうかは、読者によって大きく違う。「中国でのビジネスの展開法」といったテーマは、学部学生のためにはならない。また、入門的な知識は、専門家のためにはならない。

第二に、読者の理解度を想定する必要がある。書き手が当然と思っている前提知識を読者は持ちあわせていないことが、じつに多いのである。

口頭の場合、会話でも講演でも講義でも、相手が誰かはわかる。相手の反応も、目で見ることができる。そして、補足や質問への回答も簡単にできる。こうして、「相手に合わせた内容」を伝達することができる。しかし、文書のほとんどは、一方通行である。メールなら相手の質問に答えることで補足ができるが、印刷物の場合は、そうはゆかない。

読者におもねる必要はない。また、意地悪な論敵や批評家を意識しすぎると、揚げ足取りを恐れて、過度に防衛的になってしまう。これは、よくないことだ。

私は、読者によってメッセージを変えることはあまりない（「化粧」を変えることはあっても）。ただし、読者にとって興味があるテーマかどうかは考える。具体的な読者をイメージするときもある。例えば友人の誰かに読んでもらうことを考えながら書く。すると、その人がどう反論するだろうかと考えやすい。自分を客観化しつつ書くことができる。

### 書きたいことと読みたいことの乖離

あなたの訴えたい内容が、編集者の興味を惹かないことも多い。この乖離《かいり》は、まことに悩ましい問題である。

あなたの考えでは、間違いなく「面白くてためになる」メッセージなのである。それどころか、主観的、自意識過剰的評価では、日本の将来に決定的な影響を与える重大なメッセージでもある。それにもかかわらず、編集者は「これでは載せられない」という。

幸い活字にはなったものの、世間は何の関心も示さない。書評はおろか、読者からの便りもない。友人でさえ、活字になったことを知らない。つまり、「面白くてためになる」と考えているのは、どうやらあなた一人なのだ。

この場合、どちらが正しいのか？　あなたなのか、それとも世間一般なのか？　あなたは、故郷に容《い》れられぬ預言者なのか、それとも自意識過剰なピエロにすぎないのか？　これは、まことに難しい問題である。それに、答えは場合によって違う。

唯一はっきりしているのは、こうした事態に直面した書き手は、憤懣《ふんまん》やるかたないことだ。「あの編集者は、なんと無能力なのか。世間は、何と低俗なのか」といくら叫んでも、怒りは収まらない。

では、どうしたらよいか？　私の第一のアドバイスは、コラム「歴史的業績に対する最初の評価」を読んでいただくことだ。

第二は、ここにおいても謙虚になることだ。「面白くてためになる」と考えたのは、独り善がりの評価ではなかったか？　あなたの表現法は、適切さを欠いていなかったか？　あなたが馬鹿にしている俗世間の考えを、もう一度考え直してみる必要はないか？

私は、世の中の関心に無批判に従えと言っているのではない。そうすることは、テレビのワイドショー番組のコメンテイターと同レベルになれということだ。文章が対象とする世界は、それとは異質のものだ。しかし、それにもかかわらず、世間の大多数の人々の関心レベルがどこにあるかを知ることは重要である。

## 歴史的業績に対する最初の評価

心血注いで書いた論文や作品が、理解力の足りない（と考えられる）編集者につき返されたとき、つぎの挿話は、精神安定剤として役立つだろう。

ノーベル経済学賞を受けたマルコビッツの論文は、シカゴ大学の博士論文として提出されたとき、「経済学の論文ではない」という理由で却下されかかった。

同じくノーベル経済学賞を受けたブラックとショールズの論文は、最初に専門誌に投稿されたとき、却下された。ある有名教授の口ぞえで別の専門誌で審査してもらったが、この内容では経済学の論文にならないというので、論文の本筋とは関係がない追加を要求された。「ブラック・ショールズ式」と呼ばれることになった彼らのオプション価格評価式は、その後、オプション取引という一つの産業を作ることになった。

フェデックスの創始者フレド・スミスは、エール大学の学生の時、のちの事業のもととなった配達サービスのアイディアを論文に書いて提出した。それに対する経営学の教授のコメント：「アイディアとしては面白い。だが、可以上の成績を取るには、実現可能なものでなければならない」

「お気の毒ですが、英語の文章がなってませんな。アマチュアじゃ困るんですよ、キップリングさん」：これは、ノーベル文学賞を得たイギリスの作家キップリングの作品に対する雑誌編集者のコメントである。　□

## 第1章のまとめ

1　論述文が成功するかどうかは、適切な「メッセージ」を捉えたかどうかで決まる。適切なメッセージは、ひとことで言える。また、書きたくてたまらないものであり、盗まれたら怒り狂うものである。

「見たまま感じたまま」では、メッセージにならない。ピントを合わせる必要がある。広すぎるテーマは、浅くなる。

2　メッセージを見つけるには、考え抜くしかない。それに先立って、考え抜ける環境を整備することが重要だ。対話の過程でメッセージが見つかることも多い。自分自身との対話も必要。自分の専門分野には、メッセージがあるはずだ。

3　メッセージを見つけたら、「ためになるものか?」「面白いものか?」と何度も自問しよう。これは、謙虚になれということでもある。

読者が誰かを意識すべきだ。ただし、作者の関心と読者の関心が一致しないことも多い。

# 第2章　骨組みを作る（1）——内容面のプロット

メッセージが決まったとして、つぎの問題は、それをどのようにして提示するかだ。印象深く、確実に、しかもわかりやすく主張を伝えるためには、どのような論点を提示し、それらをどう配置したらよいか？

この章では、冒険物語が共通のストーリー展開をすることを述べ、その手法を論述文に応用できることを述べる。これは、「内容面での骨組み作り」である。

これに対して、形式面の構成は、外から見える骨組みであり、内容面での骨組み構成とは別のことだ。これについては第3章で述べる。

## 1　冒険物語の秘密

### メッセージをどのように伝えるか？

物語にはストーリー展開がある。どのような登場人物が、どのような場面で何をするかだ。これは、物語の骨組みである。

じつは、論文やエッセイにも、これと同じような「骨組み」が必要なのである。どのような論点を、どのような設定で、どう提示するかだ。こうした意味での「ストーリー展開」ないし「骨組み」は、内容面での構成だ。文章を書いてゆく過程で書き手がもっている「プラン」である。「プロット」と言ってもよい。

例えば、『「超」整理法』の「書類は内容別に分類せず時間順に並べるのがよい」というメッセージを、どのように読者に伝えればよいか？

まず、ほとんどの読者は書類を内容別に分類しているだろうから（あるいは、そのような方法が正しいと信じているだろうから）、それがなぜよくないかを説明しなければならない。そして、「時間順に並べるという方法が、いかなる意味で、そしてなぜよいのか」を説明し、読者に納得してもらわなければならない。

これは、著者が心の中にもっているプランであり、そのままの形で文章の表面に現れるとは限らない。動物の骨が外からは見えないように、ここで言う「骨組み」も、普通は外からは見えない。場合によっては、書き手自身でさえ、自分の論述が骨組みをもっていることに気づいていない。

論文に骨組みが必要だとは、これまであまり意識されていなかった（私自身も、気がついたのは比較的最近である）。実際、「論文の書き方」といった類の本でこうしたことを述べているものは、私が知るかぎりない。しかし、優れた論文の多くは、表面にこそ現れていないが、しっかりした骨組みをもっている。

## 冒険物語は共通のストーリー展開をする

多くの物語には、共通の骨組みがある。* もちろん、バリエーションはあるが、共通性は驚くほどだ。その典型は、冒険物語に見られる。基本的には、すべての物語が同じ構成であり、同じ進行パターンに従うのである。

『指輪物語』や『ハリー・ポッター』、映画では「オズの魔法使い」、「ストーカー」などが、以下に述べるストーリー展開になっている。しかも、これはヨーロッパの物語だけのことではない。『桃太郎』や『西遊記』などの東洋の物語も、ストーリー展開の構造はまったく同じなのだ。

まず、物語を構成する共通要素が何かをみよう。ここで抽出される要素は、論文の骨組みを作る際にも、大変参考になる。

### 【1】故郷を離れて旅に出る

冒険物語は、主人公が故郷を離れて旅に出ることで始まる。桃太郎は、おじいさんとおばあさんに旅立ちを告げ、鬼退治に出かける。カンザスの農場生活に厭《あ》き厭きしていた「オズの魔法使い」の主人公ドロシーは、竜巻に飛ばされ、虹の彼方のお伽《とぎ》の国にゆく。トールキンの『指輪物語』では、平和なホビット村からの出発だ。

旅の目的は、桃太郎に典型的に見られるように、宝物の探求である。北欧指輪伝説では、世界を支配する指輪だ（ただし、トールキンの物語では、指輪の獲得ではなく棄却が目的）。

【2】仲間が加わる

一人旅は面白くない。また物語の発展可能性も制約される。そこで、必ず道連れが現れる。実際、『指輪物語』第一巻のタイトルは、「旅の仲間」（The Fellowship cf the Ring）となっている。

仲間の個性は、「望ましい属性」を象徴している。『桃太郎』では、犬（勇気）、猿（知）、キジ（徳？）が家来になる。「オズ」では、裏返しの形で性格が示される。すなわち、かかし（知の欠如）、ブリキ男（心の欠如）、ライオン（勇気の欠如）だ。「スター・ウォーズ」は「オズ」を下敷きにしているので、かかし（R2-D2）、ブリキ男（C-3PO）、ライオンが仲間となる（ただし、欠如性は強調されない）。

【3】敵が現れる

旅は順調には進まない。敵が現れて、主人公の目的達成を邪魔する。敵は、仲間に対立する概念である。主人公とその仲間が「善」であり、これに対抗する敵が「悪」である。敵には、巨悪（大親分）や小悪（手先）がいる。『指輪物語』の大部分は、旅の途中での困難との遭遇であり、敵との戦いだ。主人公は、絶体絶命の危機に陥るが、そのつど救出される。

【4】最終戦争が勃発する

善と悪が対立し、その決着をつけるために最終戦争が勃発する。『桃太郎』では鬼が島での戦いであり、「オズ」の場合は魔女の城での戦いだ。『指輪物語』では、指輪大戦争である。これらが、物語のクライマックスになる。

戦争は、数々の英雄的エピソードに彩られる。敬愛される王が悲劇的な死をとげ、英雄が現れる。この過程で、登場人物の意外な素性が明らかにされたりする。邪悪な敵は倒れ、最終戦争は主人公側の完全な勝利に終わる。

【5】故郷へ帰還する

主人公は戦後の国にとどまることを要請されるが、故郷への帰還を希望し、日常生活に戻る。桃太郎は宝をもって故郷に帰る。ドロシーはオズの国にとどまらず、故郷カンザスの農場に帰る。

＊「神話物語は共通のストーリー展開をする」という命題は、神話学の研究者ジョセフ・キャンベル（Joseph Champbell, 1904-87）が、『千の顔を持つ英雄』で指摘したことである。ただし、東洋の物語も共通であることには言及していない。『桃太郎』の話を知ったら、驚いたに違いない。また、共通性がなぜ現れるか、そこで見られる共通属性がどのような役割を果たし

ているか、などについての考察も行なっていない。ジョセフ・キャンベル（平田武靖、浅輪幸夫監訳）『千の顔を持つ英雄』人文書院、一九八四年。

## よく考えれば不思議なこと

このように、物語の基本的な骨組みは、「登場人物」（主人公と敵）と、彼らが行動する「場」（故郷と旅）という二つの要素で作られている。

同様の要素を、論述文の場合にも考えることができる。それについては本章の2と3で述べることとするが、それに先立ち、以上で述べた基本構造は一見して当たり前のようにみえるものの、よく考えれば不思議な面もあることに注意しよう。

誰でも気がつく不都合は、主人公がお伽の国にとどまらないことだ。現実世界よりお伽世界のほうが住み心地がよさそうだから、故郷への帰還は、合理的な行動とは思えない。

桃太郎は、成敗した鬼を部下に従え、鬼が島を開発して王様として暮らせばよいのに、なぜ、あまりぱっとしない故郷に戻るのだろう？　ドロシーは、最初は虹の彼方に憧れていたのだから、家に戻りたいという望みは、まったくおかしなことだ。

もう一つ不思議なのは、悪役の行動である。彼らは、なぜ主人公の邪魔をするのか？　そのインセンティブがはっきりしない場合が多い。

それに、善悪の区別も、よく考えればおかしい。鬼が人里に出てきて悪行を働いたというのならわかるが、彼らは島に閉じこもっている。むしろ、桃太郎のほうが侵略者ではないか。しかも、桃太郎は略奪した宝物を貧者に恵んだりせず、自分たちだけで独占してしまう。

しかし、じつは、これらの点にこそ物語の秘密が隠されているのだ。それについて、2で考えることとしよう。

## 2　日常vs旅、善vs悪が基本

### なぜ旅に出るのか？

主人公が故郷を離れる理由は、理解しやすい。故郷とは日常生活であり、手に汗を握る事件が発生する余地はないからだ。実際、家の近くに怪獣などが現れては、困るのである。

洗濯と柴刈りだけでは、「朝起きて歯を磨いて……」と同じことで、冒険もロマンもない。第1章の1で述べたように、これでは面白くないし、ためにもならない。他の人が興味をもつような話にはならない。旅とは、日常生活からの訣別だ。日常生活から離れてこそ、面白い冒険物語を展開できる。

じつは、論文でも同じである。日常生活や職場での毎日の仕事が「故郷の生活」であり、

### 日常と旅を色で区別する

映画では、色によって「日常」と「旅」（または、お伽の国）を区別することができる。
「オズの魔法使い」では、このテクニックが効果的に使われている。カンザスの日常生活はセピアのモノクロだが、お伽の国に着いてドロシーがドアを開けると、外は極彩色の世界だ。彼女のスカートの青が、目に染みるほど美しい。この映画は多くの人にとって最初のカラー映画だったはずだ。この場面を見たとき、誰もが感嘆の声をあげたに違いない。

私が最初に見たカラー映画は、ソ連映画「石の花」だった。主人公の石工が洞窟の奥に入ってゆくと、壁が極彩色になってくる。小学生の時に見たこの場面は、いまでも脳裏に焼き付いている。

現代では、アンドレイ・タルコフスキイ監督が、同じ試みを行なっている。「ストーカー」では、日常生活がモノクロで、「ゾーン」というお伽の国がカラーだ。日常生活に帰還すると、モノクロになる。

しかし、再びカラーの画面が現れる。観客は暫くの間、なぜカラーになったのかわからない。何しろ、背景は公害たれ流しの発電所だ。やがて、主人公の娘オイスティティがカラーの理由であり、そこに未来への希望が込められていることがわかる。彼女がロシアの詩人チュッチェフの燃えるような情熱の詩を読む場面は、映画史に残る感動的シークエンスだ。　□

一般理論や世界情勢などが「旅」なのだ。世界情勢を論じたり一般理論を構築したりするには、日常のルーチンワークをこなすのとは違う知識や切り口が求められる。そして、旅の経験から日常生活を見直せば、新しい視点が得られるかもしれない。

### なぜ故郷に帰るのか?

主人公はなぜ故郷に戻るのか? これは、旅に出る必要性に比べると、わかりにくい。しかし、じつは非常に重要なことである。

これを理解するには、ドロシーの場合を考えてみるとよい。「家ほど素晴らしいところはない」というのが、この物語の教訓である。これを引き出すには、お伽の国から日常生活に帰る必要がある。なぜなら、物語が「ためになる」には、旅の経験を現実生活で応用できる必要があるからだ。日常生活に戻ったうえで、冒険の経験を振り返ってみる必要がある。冒険物語は面白いから、それだけでもよいのだが、ためになればもっとよい。故郷への帰還は、「ためになる物語」を作る工夫なのである。

これは、論文でも同じである。読者は、「ファイナンス理論を現実の資産運用にどのように応用できるか?」、「世界情勢はわが社の経営にどのような影響を与えるのか?」といった問題へのヒントを求めている。しかし、世界経済の話や一般理論にとどまっては、実際にどう応用してよいかわからない。日常業務に引き戻して考えられるのでなければ、役に立たない。論文の場合にも、旅から日常業務に帰還することによって、「ためになる」ものとなる。

論述文でのメッセージを探す際に、新聞の一面トップや論説の見出しはヒントになるかもしれない。しかし、新聞で論じられているテーマは、すべての読者が関心をもつ一般的なテーマである。読者の日常生活に直接かかわるものとは限らない。だから、これだけをテーマとすると、第1章1の（Ⅳ－2）で例示した雑誌の編集後記のようになってしまう。ここには、「故郷に戻る」という視点がないのだ。

故郷を出て旅を経験し、そして故郷に戻ったとき、主人公の中で何かが変わるだろう。それと同じように、文章を読む前と読んだ後で、読者の心の中で何かが変わらなければならない。その「何か」は、できるだけ具体的なものがよい。例えば、第1章1の（Ⅴ－2）や（Ⅴ－3）で例示した通勤電車の過ごし方のように。これなら、読者は「明日から実行してみよう」と思うだろう。

## なぜ悪役が必要なのか？

「悪役の行動は不自然なこともある」と前節で指摘した。しかし、多少無理があっても、鬼や魔女という悪役は必要である。これは、「対立概念」または「反対概念」なのだ。これが必要なのは、つぎの二つの理由による。

第一に、反対概念や対立概念を示せば、それとの対比によって、元の概念の性格がはっきりする。甘さを強調するのに塩を使うようなものだ。闇がなければ、光の有難さはわからない。悪役がいなければ、なぜ主人公が善なのかが、明らかにならないのである。

敵の明確な規定は、政治においては非常に重要だ。労働組合が分裂しそうなとき、「資本家こそが敵だ」といえば、労働者は団結する。政権維持のため、あるいは同志を団結させるために、意識的に敵が作られることすらある。

第二の理由は、対立がないと話が面白くないからである。宝が簡単に手に入ってしまうのでは、面白くない。敵と戦って苦労の末手に入れるからこそ、面白いストーリーになる。

敵の必要性は、論文でも同じである。主張の位置づけをはっきりさせるために、従来の定説、論敵の主張、世間一般でいわれている俗論などと対比する。それらと論文の主張がどのように違うかを説明することによって、主張を明確化できる。また、なぜ通説が誤りであるかを説明することによって、主張の正統性を示すことができる。

社会科学や人文科学の学説における革命は、「定説に対する新説」の形で提起される。それが成功し、それまで異端と考えられていたことが正統の地位を獲得し、それまでの正統が追放されれば、「パラダイムの転換が起こった」とされる。

## 3　冒険物語を真似て論述文の骨組みを作る

### 一つは二つ

では、対立概念をどのように使えばよいか？「善と悪がある」というだけでは面白くない。それに、論述文での対立概念は、必ずしも「善と悪」ではない。

私の提案は、対立概念を用いて、「一つは二つ」「二つは一つ」という議論を展開することだ。これを、以下に説明しよう。

「一つは二つ」とは、一見均質に見えるものが、もっと複雑であることを見出すことだ。つまり、一つと思われてきたものが二つの面をもつことの発見である。

よく使われるのは、「皆がプラスだといっていることに、マイナス面もある」という指摘である。例えば、

◆新幹線で簡単に東京から大阪に行けるようになった。しかし、旅の楽しみは失われた。

◆電子メールが使えるようになって、連絡が簡単になった。しかし、読むべきメールが増えて、メール地獄になった。

こうした論法で新技術の登場に疑問を投げかけるタイプの論考は、いまでも大新聞の学芸欄などで幅をきかせている（例えば、第7章の2で紹介する「パソコン反対論」）。

経済論議では、「良い」と「悪い」を対比させるつぎのような論法が流行っている。

◆よい円高と悪い円高がある。

◆よいリストラと悪いリストラがある。

どんな対象でも、よいことばかりではない。だから、「プラスもあるが、マイナスもある」という論法は、ほとんどあらゆる対象に適用することができる。

なお、「一つは三つ」とする方法も考えられる（コラムで示したメフィストの言葉のように）。しかし、三つより二つのほうがわかりやすい。人間の識別能力はかなり低く、三つになると判別しにくくなるようだ。関西、関東は区別できるが、中部地方となると、性格がはっきりしなくなる。政治でも、保守と革新は区別できるが、「中道勢力」と言われると、「保守と革新の中間」「保守でもなく革新でもない」としか把握できない。つまり、性格づけが曖昧《あいまい》になってしまうのである。

**三つが一つで、間違いは正しい**

『ファウスト』の中で、メフィストーフェレスは、つぎのように言っている（第1部、「魔女の厨《くりや》」、訳は野口）。

わが友よ、学問の道は古くて新しい。
やり方は、いつの時代も同じ、
三つが一つで、一つが三つ。

Mein Freund, die Kunst ist alt und neu.
Es war die Art zu allen Zeiten,
Durch Drei und Eins, und Eins und Drei.

メフィストは、「学問の道」は、じつは「真理の代わりの迷妄の流布だ」とも言っている（キリスト教の三位《さんみ》一体説《いったいせつ》をからかっているのである）。そして、「人間というものは、何でも言葉さえ聞けば、そこに何か考えるべき内容があるかのように思う」と。

メフィストの言葉のどちらの側面をとるかは、読者の自由だ。ただし、「二つ（三つ）が一つ」が「昔からの学問の道」であり、「何かあると思わせる」のは、疑いもない事実なのである。

シェイクスピアの『マクベス』では、魔女が「正しいのは間違い、間違いは正しい」（Fair is foul, and foul is fair）と言う（第1幕、第1場）。この不思議な台詞《せりふ》は、とても気になる。

読者の興味を惹きたいのであれば、昔から知られているこうした方法を使わない手はない。たとえそれが悪魔や魔女のやり口であったとしても。□

## 二つは一つ

これに対して、「二つは一つ」という論法もある。これは、「異なると思われているものが、じつは一つの理論で説明できる」ということだ。一見異質に見えるものから共通属性を抽出するのである。

共通の原理でいろいろのことを理解できるというのは、面白い。実際、学問の面白さはこれに尽きるといっても過言でない。

「林檎が木から落ちるのと月が地球を回るのは、同じ力（万有引力）で説明できる」というのは、じつに興味深いことだ。物理学で研究されてきた熱伝導方程式が金融資産の価格付けに応用できるとか、微細粒子の動きを説明するブラウン運動の式が株価変動の説明に使えると聞けば、誰でも興味を惹かれるだろう。

## 善悪や正邪の逆転

「善悪や正邪を逆転させる」（Fair is foul, and foul is fair）というのも、しばしば使われる手法である。

じつは、私が『「超」整理法』で主張したのも、それだ。これまでは、「内容別に分類する方法＝正しい」、「時間順に並べてしまう方法＝間違い」と考えられてきた。そして、「ファイルがキャビネットに整然と並んでいる状態」が前者のイメージであり、「机の上に雑然と書類が積み重ねられている状態」が後者のイメージとされてきた。それを逆転させ、「内容別に分類する方法＝間違い」、「時間順に並べてしまう方法＝正しい」としたのである。

歴史上革命と言われる変化は、社会階級におけるこのような逆転劇に他ならない。すなわち、それまでの支配階級が追放され、被支配階級（の一部）が支配階級になることである（支配階級が追放されて誰もが平等になることではない。これは、ジョージ・オーウェルが、『動物農場』でビビッドに描いたことだ）。

## 従来とは違う二分法

従来とは違う基準で二分してみるという方法もある。

例えば、経済的社会階級として通常用いられるのは、「資本家階級と労働者階級」だ。ところが、ケインズは、「資産家と実業者」という区別を考えた。前者は、貴族や大地主のように、多額の資産を保有する階級である。後者は、経営者と労働者からなる。

つまり、従来「資本家」と括《くく》られていた階級には異質な人たちが含まれており、この中の経営者は、生産活動に従事しているという意味では労働者と同じと考えたのだ。これに対して、「資産家」は、資産を保有し運用するだけであり、実際の生産活動にかかわることはない。彼らにとっての最大の目的は、利子所得などの資産収益の最大化だ。ケインズは、資産家階級のこのような欲求が経済活動を停滞させる基本的原因になると考えた。

日本でケインズ経済学というと、「公共事業を増やせば経済が活性化する」という有効需要政策のことだと考えられることが多い。しかし、彼の考えの根底にあったのは、こうした経済構造の把握である。これこそが、ケインズ経済学のエッセンスである(ただし、マルクス流の階級理解に囚われている日本では、この考えはあまり評価されていない)。

図2-1 マルクスとケインズの階級把握

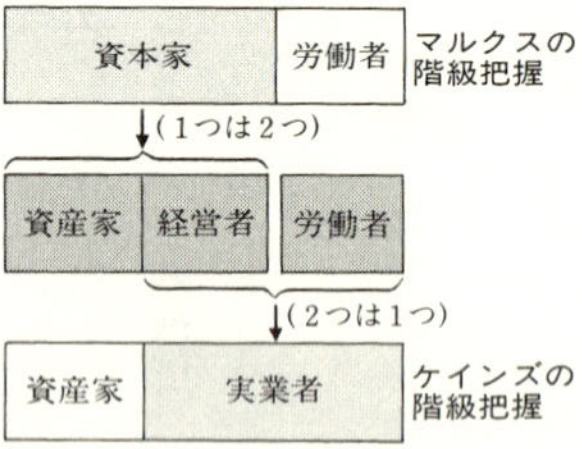


なお、ケインズの考えは、ここで述べた言葉を用いれば、「一つは二つ」(資本家階級には資産家と経営者がいる)と、「二つは一つ」(経営者と労働者は生産活動に従事するという意味では同じ)を組み合わせたものと理解することもできる(図2-1参照)。

### マトリックス法

以上では、「二つの概念を持ち出して対比する」という方法を考えた。これをもう少し複雑にすることもできる。これを「マトリックス法」あるいは「二次元配置法」と呼ぶことが

図2-2　2つの軸で区別した4つの経済体制

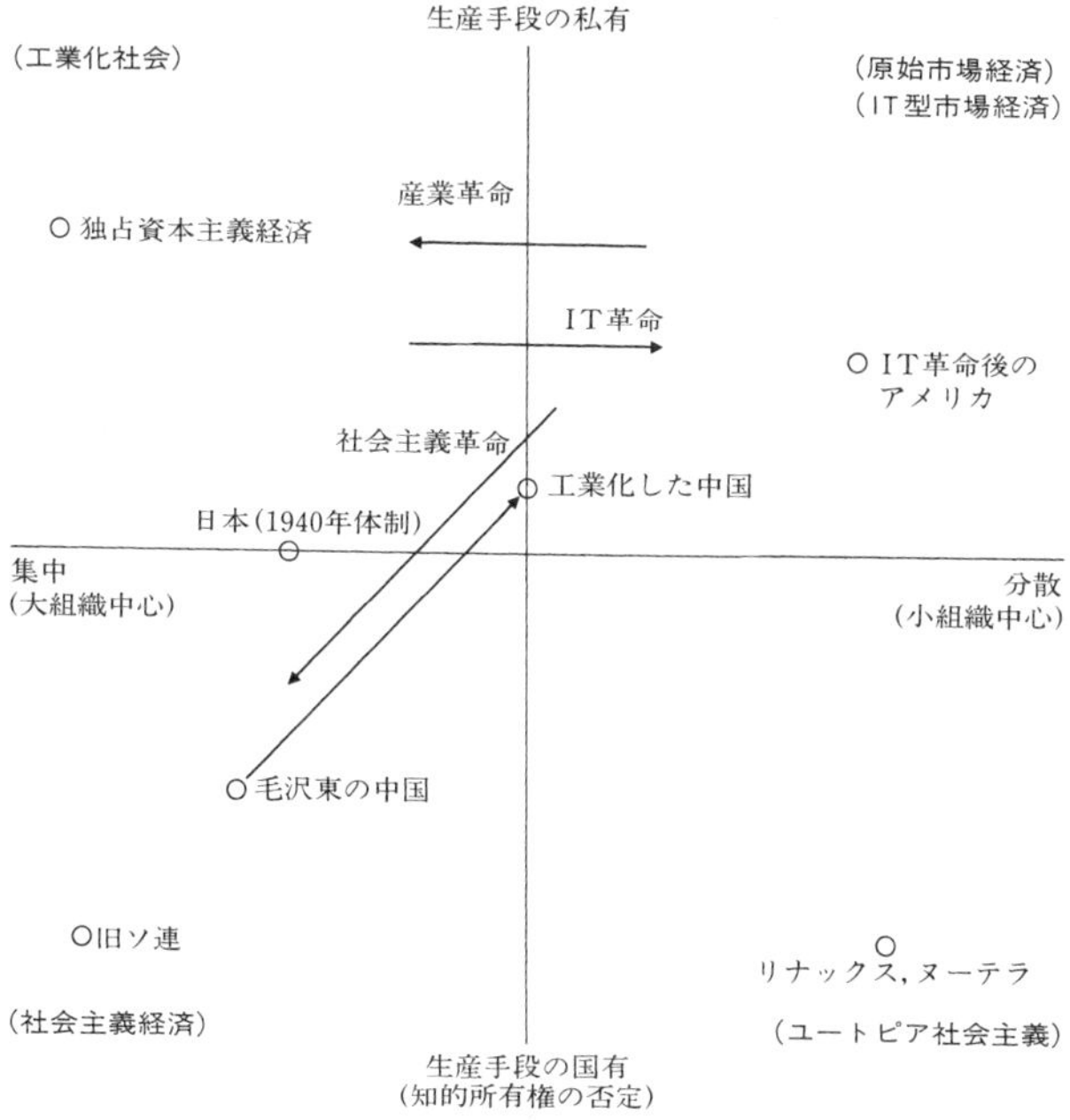


できる。その例を示そう。

図2-2は、先ごろ刊行した私の著作において示した考えである。* 私は、経済体制を分析するために、二つの軸を用いて、四つの経済体制を区別した。

二つの軸とは、「組織の規模」と「生産手段の私有・国有」である。経済体制論で通常議論されるのは、後者の軸だ。私はこれに加えて前者の軸を導入し、「小規模組織が中心の経済」と「巨大組織が中心の経済」の区別が重要だと指摘したのである。

「組織の大小」という区別と「生産手段の私有・国有」という区別は、別のものだ。したがって、これらで区別される四つの経済体制は、それぞれ別のものである。私の主張は、生産手段が私有されている経済（通常「資本主義」と言われるもの）であっても、「小規模組織が中心の経済」と「巨大組織が中心の経済」は違うということだ。「市場経済」と言われるものは、「生産手段が私有されており、かつ小規模組織が中心の経済」なのである（通常「資本主義経済」と言われているものが、「市場中心経済」と「組織中心経済」に分けられる、という意味では、「一つは二つ」の例とも言える）。

＊ 野口悠紀雄『日本経済 企業からの革命―大組織から小組織へ』日本経済新聞社、二〇〇二年。

## 『「超」整理法』の場合

以上で述べた方法論を、具体的な事例でどう使えるかを見てみたい。

再び私自身の事例で恐縮だが、一九九三年に出版した『「超」整理法』の場合に、「敵と味方」「故郷と旅」がどんな具合だったかを振り返ってみよう。

「敵」は最初から明らかだった。正統的な整理法、つまり内容に従って分類する方法である。敵と戦うために、「仲間」を探した。まず見つかったのは、名刺を時間順に保存する方式である。私自身も、名刺を分類しようとして失敗した経験がある。調べてみると、多忙な人の場合、名刺の時間順整理は、広く用いられていることもわかった。これは、「超」整理法とまったく同じ発想の整理法だ。この方法を実行していた人たちには、「超」整理法も同じと言えば、ただちに理解してもらえるはずだ。

また、私自身が、パソコンのファイルについて、内容別にフォルダを作るのでなく、時間順にしていたことにも気がついた。私は、だいぶ前から、パソコンでは無意識のうちに「超」整理法を実行していたのである。

さらに考えてみると、机の上に書類を山積みにするのも、「時間順」という意味では、「超」整理法と同じである。そこで、これを「隠れ超整理法」と名づけた。私が提案したのは、積んである書類を起こして並べるだけのことだ。さらに、閉架式の図書館では、書籍を内容別に保管せず、購入順序で保管している場合があることもわかった。

こうした仲間が見つかったことは、「超」整理法の説得力を強めるのに役立った。それだけではない。私自身も、この方法が単なる思いつきではなく、本質的な意味で正しい方法だと自信をもつことができた。

「故郷と旅」はどうだったか？「故郷」は日常生活における書類との闘いだ。私は、そこでの便利な方法を提案しただけでなく、「旅」にあたる一般理論の探求も行なったつもりだ。

つまり、もっと一般的な原理と「超」整理法との関連を考えてみたのである。「超」整理法がうまく機能する理由は、頻繁に使うファイル（これを「ワーキング・ファイル」と名づけた）が取りだしやすい位置にあることだ。そして、ワーキング・ファイルこそが、重要な書類なのである。ワープロの漢字変換で、最後に使った文字が最初に出てくるのも、これと同じ発想に基づくものだ。従来の書類整理法には、重要度に応じて扱いを変えるという観点が抜け落ちている。しかし、これは、仕事の能率に関する、きわめて重要なポイントだ。

『「超」整理法』には、もちろん、「敵と味方」とか「故郷と旅」などとは書いていない。また、執筆しているときに、ここで述べたような組み立てを考えていたわけでもない。「いま思い起こすとそのように整理できる」というだけだ。ただし、執筆時にこうしたことを意識していたら、もっと巧みに書くことができたと思う。

### 旅行記でも対立概念が重要

以上で述べた方法は、旅行記を書くときにも応用できる。

東京の人が関西地方を旅行する場合には、関東と関西の違いを見つける。人々の行動様式、町の作り、商店の展示法などで、必ず違いが見つかるはずだ。あるいは、電車の駅での並び方、エスカレータでどちら側に立つか、等々。

　そして、「なぜ違うのだろう？」と考えてみる。そこから、日本文化についての興味ある仮説が出てくるかもしれない。少なくとも、「何日にどこに着き、どの旅館に泊まってどの寺にゆき……」というような文章より面白いことは明らかだ（読者にとってだけでなく、書き手自身にとっても）。

　海外旅行のときには、日本とのあまりの違いに圧倒されて、いちいち考えることさえできないかもしれない。また、名所・旧跡・観光地の珍しさに振りまわされてしまうかもしれない。こうした場合には、むしろ「日本と何が同じか」に絞って観察してもよい。これは、「二つは一つ」法の応用である。

## 大蔵省流万能スピーチ法

　いまから約四〇年前、大蔵省に入省したとき、ある先輩から「万能スピーチ法」を教えてもらった。「諸君はこれからはスピーチを求められることが多くなる。突然の指名もあるだろう。そうしたとき、慌てないでこなすにはどうしたらよいか？」

　彼が教えてくれたのは、「世の中は縦糸と横糸でできています」と始める方法である。そして、「聴衆が関心をもつ事項を、縦糸と横糸に喩《たと》えよ」というのだ。

例えば、納税者大会でのスピーチなら、「縦糸が税務署で横糸が納税者。縦糸と横糸が織物を編んでゆくように、両者の信頼が必要」とやる。あるいは、税務署の職員を前にしたら、「縦糸が税制で横糸が徴税の実務。どちらかが緩いと、織物は解けてばらばらになってしまう」、「縦糸が直接税で横糸が間接税。両者のバランスが必要」等々、いくらでも応用できるだろうというわけである。

たしかにそのとおりだ。どんなことも「縦糸と横糸」になる。多少無理があっても、聞いているうちに聴衆は何となく納得する。

いま考えてみると、これは、ここで述べた方法と似ている。「二つの概念を持ち出して対比させる」というのが「縦糸と横糸」だ（この場合は、必ずしも「敵と味方」ではない）。また、聴衆が関心をもっている具体的事項が「故郷」であり、縦糸と横糸という一般的概念が「旅」に相当するわけだ。

「縦と横」というだけでは、抽象的すぎてピンと来ない。「糸」というところがミソで、これによって具体的なイメージをもつことができる。文章の場合には抽象的な概念による対比でもよいのだが、スピーチの場合には具体性があったほうがよい。「万能スピーチ法」の極意は、その辺にあるのだろう。

### 対立概念の例

これまで述べてきたもの以外に、さまざまな場合に使える対立概念を列挙しておこう。骨組みを考えあぐねたときは、以下をチェックリストとして使っていただきたい。

◆経済問題を考える際に役立つ対立概念

長期と短期、実質と名目、構造と循環、実物（リアル）的側面と貨幣（マネタリー）的側面、小組織と大組織。

◆政治問題を考える際に役立つ対立概念

保守と革新、革命と反革命、労働者と資本家、右翼と左翼、都市と農村、自由と規律、国と地方、組織と個人。

◆社会問題を考える際に役立つ対立概念

男と女、若者と老人、変化と安定、新と旧、都会と農村、金持ちと貧乏、ハレとケ、本音と建前、実質と形式、日本と外国、東洋と西洋、興隆と没落、戦争と平和。

◆多くの場合に役立つ一般的対立概念

右と左、上と下、高いと低い、軽いと重い、表と裏、内部と外部、赤と黒、知と愛、太陽と北風、熱と冷、時間と空間、自然と人工、明と暗、静と動、始めと終わり、アナログとディジタル、動物と植物、猫と犬、梅と桜、夏と冬、過去と未来、類似と相異、真剣と滑稽、勝利と敗北、ゴミと宝物、悲劇と喜劇。

## ストーリーは一つである必要

一つの文章に二つ以上のストーリーまたは骨組みがあってはならない。* 別の骨組みは別の建築物になる。文章でも、別の話として書く必要がある。

桃太郎が故郷に帰ってきて、そこで再び大事件が起こる、という構成はだめである。両方とも印象が薄くなるからだ。いま流の命名法なら、これは「桃太郎パート2」にしなければならない。

論述文の場合もそうである。あまりいろいろなことを盛り込むと、論旨がはっきりしなくなる。明晰な文章を書くには、いかに切り捨てるかが重要なのである。いかに盛り込むかではない。

映画でも、ストーリーが二つ以上あると、印象が薄れる。二つあるために印象が薄れた典型例は、「フルメタル・ジャケット」だ。普通、映画は最後のクライマックスに向かって盛りあがってゆくものだが、この映画は途中にクライマックスがあり、全体が二つのストーリーに分かれてしまっている。映画史上に燦然《さんぜん》と輝く名作「ドクター・ストレンジラブ」(誤訳邦題「博士の異常な愛情」）を作った鬼才スタンレイ・キューブリック監督も、この映画の頃には、もうぼけてしまっていたのだろうか？（「アイズ・ワイド・シャット」では、どうしようもない混乱状態だった。この映画にははっきりしたストーリーがないと私は思う）

＊ ただし、これは、第3章で述べる短文（一五〇〇字程度の文章）と長文（一万五〇〇〇字程度の文章）を「ひとまとまりの文章」と考えた場合のことである。本の場合には、（本書がそうであるように）複数のメッセージと複数の骨組みがあってもよい。

**単純すぎるというなかれ**

以上で述べた「骨組みの作り方」は、驚くほど単純で陳腐な方法だ。単純だから誰でも使える。しかし、ここでつぎの二点を注意しておこう。

第一に、「あまりに単純」といわれないように、隠すのがよい。会議ではよく hidden agenda というのがある（表向きの会議テーマとはなっていないが、実質的に討議の対象としたいこと）。それと同じ扱いにするのである。論考においては、この注意はとくに重要である（意地悪い批評家が多いから）。それに、骨組みが見えなければ、謎解きの面白さもある。「秘すれば花」は、永遠の真理なのである。

第二に、方法論においては、非凡であろうとしないほうがよい。実際、1で述べたストー

**ラブストーリーの法則**

恋愛物語は、冒険物語とは違うストーリー展開だ。しかし、やはり定型がある。

それは、「障害に直面して二人の間が引き裂かれる」ということだ。それを克服できればハッピーエンドになるが、できなければ悲劇に終わる。

障害としては、まず社会階級（貧富の差や身分差など）がある。これを乗り越えたハッピーエンドの典型例は、『シンデレラ』である。映画では、その現代版である「プリティ・ウーマン」だ。ジュリア・ロバーツとリチャード・ギアという同じ配役であるにもかかわらず、「プリティ・ブライド」は面白くない。二人の間をへだてる障害がはっきりしないからだ。

障害が両家のいさかい、親の反対、年齢の差などの場合もある。悲劇の典型が、『ロミオとジュリエット』である。戦争や革命が障害になる場合もある。障害の巨大さからして、どうしても悲劇になる。

ところで、日本の恋愛小説は、このような障害がなく、片思いの告白のようなものが多い。このため、ドラマチックな展開にならない。ヘッセの初期の小説が日本で人気があるのは、この点で似ているからだろう。

社会階級が消滅し、戦争や革命もなくなると、恋愛ドラマが成立しにくくなる。現代社会でのラブストーリーのためには、新しい障害が必要と思うのだが、どうだろうか？ □

リー構成の教科書であるトールキンの『指輪物語』は、古今の物語で最高傑作の一つである。「オズの魔法使い」も、映画ファンの投票では、歴代第一位になることも少なくない。ゲオンは、「陳腐なもの、平凡なものをおそれる芸術家は、彼が陳腐で、平凡な証拠である」と言った。* まったくそのとおりだ。

音楽の形式も同じだ。ハイドンが発明した交響曲や弦楽四重奏曲の形式、つまり、「全体は四つの楽章からなり、第一楽章はアレグロのソナタ形式、第二楽章は……」は、まったく単純で陳腐だが、モーツァルトもベートーベンもシューベルトも、忠実にこれに従った。だからといって、彼らの音楽を「陳腐だ」と言う人はいない。

逆にいえば、この形式を破ったというそれだけのことで、優れた音楽にはならないのである。ベートーベンの後期の四重奏曲は、ハイドンの形式には必ずしも従っていない。第十四番ニ短調は、楽章の区別すらないとも言える。しかし、これは、必然的にそのような形式になったのである。ベートーベンは、決して奇をてらったわけではない。

＊　アンリ・ゲオン（高橋英郎訳）『モーツァルトとの散歩』白水社、一九八八年。

## 第2章のまとめ

1　どの冒険物語も、つぎのような共通の要素から成り立っている。
（1）故郷を離れて旅に出る。
（2）仲間が加わる。
（3）敵が現れる。
（4）敵との間で最終戦争が行なわれる。
（5）故郷へ帰還する。

2　冒険物語の骨組み構築法は、論述文の骨組みを作るのに応用できる。
（1）は、日常生活から離れて、論述を「面白く、ためになる」ものにするため。
（2）は、主張を補強するため。
（3）は、主張したい概念の性格を明確化するため。
（4）は、主張と反対論のどちらが正しいかを示すため。
（5）は、一般理論を現実に応用するため。

3　論述文における具体的な方法としては、つぎのものがある。

◆「一つは二つ」とする。
◆「二つは一つ」とする。
◆従来と違う二分法を用いる。
◆マトリックス法を用いる。

# 第3章　骨組みを作る（2）——形式面の構成

第2章で述べた「骨組み」は、内容に関するものであって、外からは見えない。この章では、形式面から見た「骨組み」を考える。具体的には、文章の長さ、全体の構成、そして最初と最後の処理である。

## 1　長さが内容を規定する

### 文章には「短文」と「長文」しかない

形式面でまず重要なのは、「長さ」（文字数）である。

「何が言えるか」は、与えられた字数に依存する。長さが内容を規定するのであり、内容が長さを決めるのではない。したがって、「どれだけの字数を使うことができるか」を、つねに意識している必要がある。

この点については、誤解している人が多いので、注意を要する。重要な内容であれば、それに相応したページが提供されるべきだ、と考えている人がいるのだ。だいぶ昔のことだが、大学の紀要編集委員をしていたとき、制限字数を大幅に超える原稿を持ち込んできた人がいた。「執筆要領を守ってほしい」という注意に対して、「重要な内容だから削れない」と言う。

こういう人には、「自分で出版社をおこしてくれ」としか言いようがない。
文章を長さで分類すると、つぎの四種類になる。
（1）パラグラフ——一五〇字程度。
（2）通常「短文」といわれるもの——一五〇〇字程度。
（3）本格的な論文などの「長文」——一万五〇〇〇字程度。
（4）「本」——一五万字程度。
文章の基本的な長さは、このように非連続的なのである。そして、一段階進むごとに、一〇倍になっている。この法則を発見したとき、われながら驚いた。
（1）は文章を構成する基本単位であり、それ自体で独立した文書になることは少ない。また、（4）は複数の文章が集まったものだ。したがって、「ひとまとまりの独立した文章」ということになれば、二種類のものがあることになる。すなわち、一五〇〇字程度の「短文」と、一万五〇〇〇字程度の「長文」である。
もっと印象的に言えば、「論述文には、一五〇〇字と一万五〇〇〇字という二種類のものしかない」ということである。多くの人は、「文章にはさまざまな長さのものがある」と思っているが、そうではないのだ。

以下で述べるように、一五〇〇字と一万五〇〇〇字では、書き方が違う。したがって、

「文章」の書き方を練習するのであれば、一五〇〇字の文章と一万五〇〇〇字の文章の各々をどう書くかを練習すべきである。ラディカルに言えば、それ以外の長さの文章を書く練習をしても、あまり意味がない。少なくとも、自由な長さの文章をいくら書いても、作文の練習にはならない。

後で述べるように、試験で要求される作文は（1）の長さ（一五〇字）であり、エッセイは（2）の長さ（一五〇〇字）である。また、学術論文は（3）の長さ（一万五〇〇〇字）である。したがって、作文の練習をするのであれば、目的に応じた長さの文章を書いてみるべきだ。

なお、以上で述べたのは、あくまでも「基本形」である。だから、現実には幅がある。右に述べた基本形の半分から一・五倍くらいまでありうる。例えば、（1）は、八〇～二〇〇字くらいである。

本書の場合には、つぎのようになっている。

パラグラフは、右に述べた標準よりは短めで、平均して一〇〇字くらいだ。本書は一行四一字なので、二行から三行程度である。ただし、内容によってかなりの差がある。

小見出しで括ったまとまりは、ほぼ一五〇〇字になっている（多くの場合に、それよりは若干短くなっている）。本書は一ページ一六行なので、一五〇〇字は二ページ半程度である。これは右で定義した「短文」にあたる。

本書は、このまとまりを基本単位として構成されている。つまり、「短文」がいくつも集まって全体ができあがっている。多くの場合に、この基本単位を取り出してそれだけを読んでも、意味が通じるようになっている（逆に言えば、それより短いまとまりを取り出すと、それだけでは意味がわからない場合がある）。

本書の「章」は、ほぼ一万六〇〇〇字となっている（ただし、第1章と第5章はかなり長め）。これは、右で定義した「長文」の長さとほぼ同じである。もっとも、長さがそうなっているだけであり、章の内部が相互に関連した有機的な構成をなしているわけではない。本書の章は、短文の集まりにすぎない。本書の全体は、約一四万字であり、右に「本が一五万字」というのより若干短くなっている。

なお、ピリオドで区切られるひとまとまりを、「文」（センテンス）と呼ぶことにする。文章は、文が集まったものである。

## パラグラフ——一五〇字

ワープロを使って文章を書く場合には、一行が四〇字程度になるから、「一五〇字」はおよそ三～四行となる。

これだけで独立した文章となる典型例は、論述試験で要求される文章である（入学試験などでは、この長さの文章を「短文」と呼ぶことが多い）。また、メールで伝えるメッセージも、短い場合にはこのくらいだろう。

しかし、これほど短い文章が独立して印刷されることは、あまりない。通常は、文章を構成する基本単位である「パラグラフ」となる。これは、改行せずに続く文の集まりである。新聞を見るとわかるように、だいたいこの程度の長さでパラグラフが切れている。

よく、「一文一意主義がよい」と言われる。賛成だ。私は、もう少し進めて、「一パラグラフ一意主義」を採るのがよいと思っている。つまり、一つのパラグラフに異質な内容を盛り込まないほうがよい。

とりわけ、パラグラフ内での論理の逆転は、できるだけ避けるべきだ。つまり、同一パラグラフの中で、「しかし」という接続詞が現れるのは避けるべきだ（第5章の2を参照）。論理を進めるには、複数のパラグラフが必要である。それらのパラグラフは、「したがって」、「なぜなら」、「しかし」などの接続詞で結ばれる。

日本人には、「パラグラフ」という概念を意識しない人が多い。文章が読みにくくなる一つの原因は、パラグラフの構成が不適切なことだ。とりわけ、右で述べた「一意主義」が守られていないことである。

パラグラフの長さが一五〇字より大幅に長くなると、読みにくくなる。短いのは構わない。むしろ短いほうが読みやすい。実際、新聞のパラグラフは、一五〇字よりは少なめである。

## 短文——一五〇〇字

「一五〇〇字」は、一行四〇字で三〇～四〇行程度、四〇〇字詰めの原稿用紙でいえば、三～四枚である。ワープロで書いた文章を標準的な設定でプリントアウトすると、A4一枚がほぼこの長さになる。

通常は、この長さの文章を「短文」という。新聞の論説や、雑誌の連載エッセイが、それである。週刊誌サイズの印刷物の場合、この長さでだいたい一ページになる。入学試験や就職試験の長文読解問題で出てくるのが、この長さである（つまり、試験では、本書でいう「パラグラフ」を「短文」と呼んでおり、「短文」を「長文」と呼んでいるのである）。なお、本書のコラムは、この半分または四分の一の長さである。

短文では、あるメッセージについて、首尾一貫した論理展開ができる。ただし、反対意見などを詳しく紹介して反論を書く余裕はないだろう。つまり直線的な論理展開しかできない。なお、この程度の長さのエッセイは、問題点の指摘だけで終わって、答えがなくてもよい。

以上で述べたことからわかるように、試験の準備であれば、作文は一五〇〇字の文章を、読解は一五〇〇字の文章を、それぞれ対象とすればよい。

## 長文――一万五〇〇〇字

「一万五〇〇〇字」は、一行四〇字で三〇〇～四〇〇行程度、四〇〇字詰めの原稿用紙では、三〇～四〇枚である。

これは、本格的な論文や報告書の長さだ。あるメッセージをさまざまな観点から述べられる。問題点の指摘だけでは不十分で、答えを書く必要がある。この長さなら、違う意見を紹介し、それと比較して自分の主張がどう違うかなども書ける。

本章の2で述べる「序論・本論・結論」などの構成が必要になるのは、この段階の文章である（短文でもこうした構成があってもよいが、随想的なものではあまり意識しなくてもよい）。なお、すでに述べたように、本書の「章」は、分量的には長文の長さであるが、「序論・本論・結論」などの構成をとっておらず、単なる短文の集まりである。

## 中間の長さは書きにくい

以上で述べたように、内容もスタイルも、字数によって規定される。最初に字数の制約があり、それに応じた文章を書く必要がある。

これを発見したのは、『週刊ダイヤモンド』誌連載のエッセイを始めてからだ。私の連載は、一回四〇〇〇字。雑誌では見開きになる。これは非常に書きにくい。なぜ書きにくいのかが、最初はわからなかった。

普通のエッセイのように、問題提起だけをして終わるには長すぎる。かといって、腰をすえて答えを書くには短すぎるのである。このため、書き始めたものの対岸まで泳ぎ着かない、あるいは逆に論じ終わらずに紙面が尽きてしまう、といった事態が頻発した。また、ストーリー（骨組み）が二つに分かれてしまうことも多かった。こうなる理由は、四〇〇〇字が短文の三倍であり、長文の三分の一だからだ。「基本形の半分から倍」という範囲におさまっていないのである。

この長さに慣れたのは、一年くらいたってからだ。そして、「このメッセージならちょうど書ける」という感覚を摑めるようになった。いまでは、四〇〇〇字で一つのストーリーを過不足なく書ける。

**話す場合も長さを意識しよう**

以上で述べたのは文章の場合であるが、話す場合も、「長さ」（与えられた時間）を意識する必要がある。

論文審査のとき、「最初に五分で要旨を述べよ」と注意したにもかかわらず、延々と話す学生が多い。一五分たっても、序論しか話していない。このような論文報告は、内容の審査以前に失格である。

パネル・ディスカッションで、司会者が「パネリストの方は、最初に五分間、問題提起をしてください」と注意したにもかかわらず、大演説を始める人がいる。他のパネリストが話す時間がなくなってしまう。「世界はあなた一人だけの話を聞くほど寛容ではない」と言いたくなる。

テレビで録画のコメントを求められるとき、使える時間は普通は一分間程度である。これは、文章ではほぼ四〇〇字にあたる。つまり、先に述べた短文の三分の一から四分の一（あるいは、パラグラフ三個分程度）に相当するわけだ。

録画されたコメントを見ていると、画面が連続していないことがよくある。もともとは長いコメントだったものを、放送局が編集してしまったからである。私は、テレビのインタビューを受けるときは、あとで編集されないよう、あらかじめ持ち時間を聞いて、その範囲に収まるように発言している（そうしないと、こちらの意図と異なる画面になる）。

集会での「スピーチ」や「挨拶」は、三分が限度である（できれば、一～二分がよい）。これは文章の場合の「短文」にあたる。

## 2　全体は三部で構成する

第2章で述べた「骨組み」は、内容面のものである。すでに述べたように、この意味での骨組みは、通常は隠されていて、外からは見えない。

外から見えるのは、形式的な構成だ。これに関して通常論議されているのは、「起承転結か三部構成か」という問題だ。これについて、つぎに述べよう。ただし、これより重要なのは、始め方と終わり方だ。これについては、本章の3で述べる。

### 序論・本論・結論の三部構成で

文章の構成について、昔から「起承転結」ということが言われてきた。しかし、これはもともとは漢詩の形式である。現在では、文学的エッセイで用いられる形式だ。論述文の場合は、これに従う必要はない。むしろ、「転」のところで別の話題が現れると（あるいはそれまでの論理展開が覆されると）、読者は当惑する。

学術的な論文の場合には、序論・本論・結論の三部構成にするのがよい。面白みはないが、最初から妙技を求めるのでなく、手堅くやろう。

これに従う場合、各部の内容は、つぎのようになる。ただし、あまり堅苦しく考える必要はない。

**【1】序論**

序では、「何が問題か」を述べる。なぜこの問題を取り上げたのか、この問題を取り上げることがなぜ重要なのか、問題の背景は何か、という説明だ。例えば、つぎのように。

> 税制改革は、構造改革を進めるにあたって最も重要な課題である。しかし、これまで、構造改革との関係では十分な議論が行なわれてこなかった。そこで、本稿では、この問題を取り上げることとする。

なお、用語の定義、問題範囲の限定、前提も、ここで述べる。例えば、つぎのように。

> ここでは、国税の直接税に絞って議論を進める。なお、本稿で「所得」というのは、つぎのような意味であるとする。

本格的な学術論文では、先行研究のサーベイも行なう。当該研究が、それらと比べてどのような位置にあり、何を付け加えようとしているかを述べる。

**【2】本論**

分析と推論の展開である。

学術論文の場合には、仮説を提示し、それをデータによって検証するという形をとる。

**【3】結論**

学術論文では、結論をきちんと述べる必要がある。スペースが許せば、結論の含意、未解決の問題、扱わなかった問題、今後の課題などについて述べる。

## 関連する論述をまとめるための「いれもの」を作る

以上で述べた三部構成は、主として一万五〇〇〇字程度の本格的な論文の場合に必要とされることである。一五〇〇字程度の「短文」の場合には、あまり意識する必要はない。エッセイなどでは、三部構成にすると堅苦しく感じられることもある。

ただし、その場合においても、関連する内容がばらばらにならないよう、十分注意する必要がある。このためには、全体を通しての論理構成をはっきりさせる必要がある。*

「関連した内容をまとめる」という作業は、「主張、その理由、その意味するもの」を、それぞれはっきりさせ、グループごとにまとめることを意味する。場合によっては、「反対の意見、なぜそれを否定するか」などが加わる（第5章の3を参照）。

こうした作業によって、「いれもの」を作るのである。これがしっかりできていれば、思いついたこと、気がついたことを、いわば部品として、そこにはめこんでゆけばよい。

逆に言うと、こうした構成が適切にできていないと、「主張を示して、その理由を述べ、その後で再び主張を述べる」というような堂々巡りになる。このような構成の文章は、読者にとまどいを与える。

なお、以上で述べたことは、これまでの常識では、文章執筆の開始に先立って確定すべきものとされていた。つまり、まず論理構成と叙述の順序を考え、それができたところで執筆を開始する。紙に書く時代においては、これが準備段階における重要な課題だった。構成をよほどしっかりしておかないと、あとで直すのが大変な作業になるからだ。

しかし、パソコンを用いて執筆する場合には、この作業を執筆作業と並行して進められる。パソコンなら、修正や入れ替えなどが自由自在にできるからだ。とにかく書き下してみて、読みながら順序を入れ替えればよい。

ただし、パソコンを用いる場合においてさえ、かなり書き進めたあとでは、大規模な順序の改訂を行なうのは難しい。順序が変わると、論理の進め方が変わるし、また表現を直さなければならないからである（例えば、「前述の」とは言えなくなる）。この作業はかなり大変だ。

だから、大まかな順序は、できるだけ早い時点で確定する必要がある。

しかし、あとの段階になってても、順序を組み替える必要があるとわかったら、たとえそれが大幅なものであっても、躊躇《ちゅうちょ》せずに行なうべきだ。「順序」はそれほど重要なのである。

この作業のため、ある程度以上の長さの文章の場合には、目次を作ろう。そしてつねに全体を一望しつつ、構成をチェックする。また、原稿を紙に打ち出そう。パソコンの画面では、全体を一望して構成を見るのは難しいからである。

＊この他に、個々の文をどのように並べるか、個々の文をどのように整えるかという問題がある。これらは骨組みの構築よりはあとの段階で行なうべきことだ。これらついては、第5章と第6章で述べる。

## 3　ドラマチックに始め、印象深く終えよ

### 始めは客引き

飛行機の操縦で難しいのは、離陸と着陸である。これらをうまくこなすためには、技術を習得しなければならない。空中の姿勢制御は簡単だが、離陸と着陸はかなりの訓練をうけないとできない（二〇〇一年九月の同時多発テロで、テロリストが比較的短期間の訓練で旅客機を

操縦できたのは、離陸と着陸がなかったからである）。

　文章でも同じだ。始め方と終わり方が難しい。ここをどう処理するかは、技術である。エッセイのように形式にあまりとらわれなくてよい場合にも、最初と最後は十分に意識する必要がある。

　始めが重要なのは、読者をひきつけ、読んでもらうためだ。読む価値があることを、始めの数行で読者にアピールする。読者を感激させるもなにも、読んでもらえなくてはそもそもどうにもならないのだ。

　現代では、膨大な量の文章が生産されている。インターネットによって、文章の供給量は爆発している。「供給過剰」どころではない。そうした中で読者に読んでもらおうというのだから、「駱駝《らくだ》が針の穴を通る」より難しいことに挑戦しようとしているのだ。

　ただし、言うまでもないことだが、竜頭蛇尾になってはいけない。まして、羊頭狗肉《くにく》ではいけない。「ビン・ラディン発見（か）」「ブッシュ、イラク攻撃（の可能性）」などという見出しが、夕刊紙の一面や週刊誌の広告によくある。全体が大きな字で、（か）や（の可能性）が、遠くからはよく見えない小さな字になっている。こればかりやっていると「狼少年」になってしまう（それにもかかわらず、つい目がいってしまうのは、タイトルがいかに重要かを示す証拠と言えよう）。

## 脱兎文・ポーリンのクリフハンギング・竜頭文

現代は忙しい時代だ。書き出しがつまらないと、読者は逃げてしまう。

論述文の場合にも、読者に逃げられない工夫が必要だ。2で述べた三部構成法の問題点は、「序論」のところで悠長に背景を述べていると、読者が逃げてしまうことである。

これを防ぐ方法は、最初に結論やクライマックスを述べてしまうことだ。脱兎《だつと》のごとく核心にいたるという意味で、これを「脱兎文」と呼ぶことにしよう。

新聞などでよく使われるのは、事件の主要部分を最初に書き、つぎに詳細や背景を、話の始めに戻って書く方法だ。

小説はよくこの手法を使う。最初に異常な事件が起こる。そこで読者をひきつけておいたところでペンディングにし、主人公の生い立ちや事件のバックグラウンドなどを説明する。時間的には逆転することになるが、最初から背景を書くと、読者が離れてしまうからである。

もし現代の流行作家が『罪と罰』を書くのであれば、殺人の場面から入るだろう。映画なら、間違いなくそうだ。ラスコーリニコフが街をさまよい、建物の階段を上がり、部屋に侵入し……という展開になるに違いない。

だが、ドストエフスキイは、そうしなかった。最初の数ページこそ、ペテルスブルクの街の描写として面白く読める。しかし、その後に続くマルメラードフの異常に長い独白はどうだろう！　これだけ退屈な文章をこれだけの長さで冒頭に置くことができるというのは、驚異である（そもそも、人間はこんなに長々と話し続けられるものだろうか？）。駆け出しの作家がこれをやったら、誰も読んでくれない。これからもわかるとおり、巨匠が書いた古典は、われわれが書く文章のお手本にはなりえないのだ。

「ポーリンのクリフハンギング」とは、初期の映画で使われた手法である。一九一〇年代の映画は、一回だけで完結せず、続き物になっているのが多かった。「ポーリンの冒険」という映画では、毎回最後に、主人公のポーリンが崖から宙吊りになったり、縛られて列車の線路に置き放しにされたりして、危機に陥る。*観客も宙吊りになり、「ポーリンの運命やいかに？」と、次回を見に来るわけだ。浮気な観客を逃がさないために、当時は非常に重要な手法だったに違いない。

これと似た手法は、文章でも使える。「宙吊り」あるいは「驚愕《きょうがく》」を文章の最初におけば、忙しい読者や浮気な読者を引きつけておくことができる（一九一〇年代の映画では最後にやったが、現代の文章では最初にやるわけだ）。これを「竜頭文」と呼ぶことにしよう。

「純文学」と呼ばれる分野では、竜頭文は敬遠される。しかし、どれもがそうというわけでもない。例えば、カフカの『変身』がよい例だ。**「ある朝、グレーゴル・ザムザがなにか気がかりな夢から目をさますと、自分が寝床の中で一匹の巨大な毒虫に変っているのを発見した」と始まる。この文章を読んでつぎに読み進まない人がいるとしたら、そういう人には、どんな書き出しをしたところで、無駄である。

ただし、論述文の場合、投げかけた問題がよほど知的好奇心をそそるものでないと、この方法は機能しない。「日本経済を停滞状態から脱却させるにはどうしたらよいか？」では、駄目である。読者は、「またか」と思うだけだから。つまり、こういうのは、「竜頭文」でなく、「蛇頭文《だとう》」なのだ。

*「ポーリンの冒険」（The Perils of Pauline）は、サイレント映画全盛期の連続アクション映画。毎週末に映画館で封切りされるシリーズで、現代のシリーズ・テレビドラマの原型といえる。主演のパール・ホワイトは、花形女優となった。

** フランツ・カフカ（高橋義孝訳）『変身』新潮文庫、一九五二年。

## 自分史の書き始め方

自分史を書く人が増えてきた。インターネットの個人ウェブサイトに自分史を載せている人も多い。『週刊ダイヤモンド』は、数年前から毎年「自分史」のコンテストを行ない、優秀作を掲載している。私も審査委員をつとめているが、毎年かなりの数の応募作がある。

自分史の書き出し方には、つぎの三つのタイプがある。
（1）私は、一九三〇年の一月一日に生まれた。
（2）破綻の日（事業が行き詰まって破産した日など）
（3）大願成就の日（入学試験に合格した日など）
（1）は、時間順に自分の生涯を追ってゆこうというものだ。だから、生まれたときから話が始まる。

しかし、時間順という書き方は、他人が読むと面白くないのが普通だ。ストーリー性に欠けるのである。「どこの学校に行って、どこに就職して、誰と結婚して……」という話になるに決まっている。（1）のような書き出しは、「ストーリーがない」ことの証拠である。

こういえば、「聖書も似たようなものではないか」と言う人がいるかもしれない。たしかに、旧約聖書は『創世記』で神が天地を創るところから始まるし、新約聖書『マタイ伝』は、キリストが生まれるまでの系図から始まる。『創世記』は物語として興味がなくはないが、系図は面白くもおかしくもない。こうした書き方が許されるのは、聖書だからなのである。

これに対して、（2）と（3）は、生涯のクライマックスから始める方法だ。つまり、「竜頭文」である。読み手は、こうした書き方なら興味をもつ。（2）は悪いことのクライマックス（bottom）であり、（3）は良いことのクライマックス（zenith）だ。

ただし、意地の悪い読者がいると、(3)の場合は、「自慢話か」と取られ、反撥される恐れがある。人間というのは、嫉妬深いものなのである。これに対して、(2)の場合には、「大変だな」と同情するとともに、「いったいどうやって逆境を克服したのだろう」という興味もわく。もし、自分史を他人に読ませたいのであれば、(2)が最適だ。

## キャベンディッシュ論文の魅力的なタイトル

多くの人は、「学術論文では客引きは必要あるまい」と考えるだろう。しかし、事実は逆である。学術論文においてこそ必要なのだ。なぜなら、きわめて多数の論文が発表されているからだ。しかも、読者は多忙な人たちである。彼らに読んでもらうために、「客引き」は不可欠である。

だから、論文には、アブストラクト（要約）が必ずついている。「読むに値するか否か」を簡単に判断してもらうためだ。しかし、アブストラクトといえども、雑誌の該当ページを開かなければ読めない。そこで、雑誌の表紙に示されているタイトルで勝負をすることになる（学術雑誌は、表紙に主要論文の目次をのせるのが普通である）。

アメリカの物理学者クラウスは、学者の仕事を始めてすぐに、タイトルの重要性に気づいた。「宣伝が重要。だから、科学論文には人の気をひくタイトルが必要」と。そして、「これは新発見かと思っていたが、一八世紀のイギリスの物理学者キャベンディッシュがやっていたことだった」と述べている。

キャベンディッシュは、重力定数gを最初に測定した科学者として有名だ。その結果を王立協会に発表するとき、論文のタイトルをどうつけたか？

「重力の測定」でもなく、「定数gの値」でもない。キャベンディッシュは、「地球の重さを測る」としたのである。これは、わくわくするような魅力的なタイトルだ。物理学者でなくとも、読みたくなる。少なくとも、結果を知りたいと思うだろう。*

＊ 地球から月までの距離（d）と地球を回る月の速さ（v）とがわかれば、ニュートンの法則により、［地球の重さ×g］の値がわかる。ところで、dは三角測量（月と水平線の角度を地球上の二点で同時に測る）により、vは月の軌道周期とdにより、それぞれわかる。だから、gの値がわかれば地球の重さがわかるのである（答えは、$6\times10^{24}$キログラム）。

ちなみに、同じテクニックで銀河系の重さを測ることもできる（答えは、太陽一〇〇〇億個分）。宇宙の重さを測ることもできる（その結果、宇宙の重さの九〇％は暗黒ということがわかった）。以上の話は、ローレンス・クラウス（青木薫訳）『物理の超発想』講談社、一九九六年による。

文章を言い訳から始めてはいけない。

「日本人は謙虚だから最初に言い訳するのだ」と弁護することもできるが、多くの場合、あとで批判されたときに、「だから言っておいたでしょう」と言えるための保険である。つまり、言い訳は「アリバイ作り」である。こういう文章を「アリバイ文」と呼ぼう。これは、自信のなさの表明である。

以下に、よく使われるアリバイ文と、その真意（と思われるもの）を示そう。

◆「私はこの問題の専門家ではないのだが」

真意「間違っていたとしても、大目にみてほしい。私自身もれっきとした専門家なのだが、じつは専門は別の分野で、そちらでは間違うことはありませんよ（あなたは知らないでしょうが）」

◆「一度はお断りしたのだが、編集部からのたっての依頼なので、書くことにした」

第1章の2で述べたように、「得意科目」でやらないのは、執筆者本人の責任である。

真意「この文章がつまらなかったら、文句は編集部に言ってください。なにしろ、一度は断ったのだから。責任は、こんなテーマを押しつけた編集部にある」

つぎのようなことが真意である場合もある。

「私は忙しい仕事をしているので、とても忙しい。しかし、編集部はどうしても書いてほしいと言う。私の意見は貴重なものだから、それも無理はないが……（エヘン）。ただ、私は忙しいので、執筆に十分な時間をかけられない。この文章がつまらないとしたら、それは私が忙しいためだ。ああ、忙しい」

◆「……と言われて久しい」

真意「〈あ、そんなこと知ってるよ〉と言わないでほしい。新鮮味がないのは私も知っている。でも、知らない人もいるかと思って、親切心から書いたのだ」

◆「変わり映えのしない話で恐縮だが」

真意「面白くないと最初に断っておいたのだから、読み続けたのはあなたの責任だ」

◆「以下に述べることがすべての場合にあてはまるわけではないが」

真意「反例を見つけたからといって、はしゃがないでほしい。例外はあると最初に断ったはずだ」

口語では、この類の言い訳は、非常に多く使われる。

◆「あくまでも印象にすぎないのですが」

◆「もしかすると違うかもしれませんが」

◆「人から聞いただけですが」
◆「よくご存知でしょうが」

## 最後の言い訳もよくない

◆「残念ながら紙幅がつきた」——こうした言い訳で終わる文章を、よく見かける（大学の紀要などで）。「私が考えていることはもっと深遠なのだが、紙面の制約でそれを書けない。この論文が内容薄弱に見えるのは、編集部が十分な紙面を提供してくれないからである」というわけだ。

しかし、これは、下手な言い訳だ。この章の1で強調したように、まず分量があり、それに応じて書く内容を決めねばならない。この著者は、文章執筆の基本を把握していないのである。最後まで書き進んで「紙面がない」などというのでは、文章執筆者の資格を最初から欠いていると言わざるをえない。

◆「こう考える今日このごろである」——同窓会会報やＰＴＡ会報などに、こうした終わり方をする文章がよくある。書いている人は、余韻を残した気取った終わり方だと思っているのだろうが、じつに陳腐で、じつに月並みだ。

◆「こうした危惧をもつのは、私だけであろうか？」——私自身がこういう文章を何度も書いたことがあるので、大きなことは言えないが、これは考えてみれば傲慢な終わり方だ。「私の意見を納得できないと感じたのではありませんか？　しかし、それはあなたの考えが浅いからです。私はこのように謙虚な言葉を謙虚に述べていますが、これは私が謙虚な性格だからです。あと一〇〇年もすれば、私の意見が正しいことがわかるはずだ！　預言者は故郷に容れられずとは、私のことなのだ！」という気持ちがみえみえである。私は、深く反省して、今後このような文章を書かないよう誓いをたてている。

*All's Well That Ends Well*（『終わりよければすべてよし』）――これは、シェイクスピアの喜劇のタイトルだが、文章もまったく同じである。

### なぜ終わりが大切か？

終わりが重要な理由は、二つある。

第一に、「読むに値する文章かどうか」を判断するのに、最初を見るだけでなく、結論を読む人もいるからだ。それどころか、最初は飛ばして終わりから読む人もいる。岸信介元首相は、書類を後ろから読んだそうである。じつは、事務的な文書に関しては、これは正しい読み方なのだ。

ある本でこのことを書いたところ、「そんな読み方はけしからん」と批判された。たしかに、書き手の立場からすれば、後ろから読まれてはかなわないだろう。しかし、「最初から読め」と読者に強制するのは、傲慢な態度だ。「読者は王様です」と言うつもりはないが、特定の読み方を読者に強制することはできない。

本章の2で述べたように、論文には必ず結論がなければならない。論文の主要部分は、最終的な結論を導くためのプロセスにすぎない。結論部分にあるのは、第1章で述べた「ひとことで言えるメッセージ」である。論文の読者は忙しい人なので、まず最初と最後だけを見る。つまり、問題と答えだけを見るのである。結論部分に答えが書いてないと、捨てられる。

後ろから読まれることも想定しておくのが、謙虚な著者の態度だ。

終わりが重要な第二の理由は、読後に残る印象だ。

カミュの小説『ペスト』の最後は、疫病の終息を祝う花火の場面である。医師リウーは、人々の喜悦はつねに脅かされていると警告する。なぜなら、ペスト菌は決して死ぬことも消滅することもなく生き続けるのであり、そして「いつか、人間に不幸と教訓をもたらすために、ペストが再びその鼠どもを呼び覚ます日がくる」から……。海の音と、なま暖かい風の音と、そして遠くの町のざわめきが聞こえてくるようではないか。

映画の場合には、終わりはとくに重要だ。観客は、最後の場面を心に抱いて映画館を出る。

### シンデレラの教訓

ヨーロッパの古い童話には、物語が終わった後に、Moral（教訓）というものが置かれている。これは、付録のようなものでもあり、論文の結論のようなものでもある。例えば、ペローの童話『シンデレラ』（サンドリヨン）の教訓は、つぎのような具合だ。

シンデレラのような素敵なドレスを着たいと思ったら、贈り物を手に入れたいと思ったら、そして王子様の心を射抜く金の矢を得たいと思ったら、お嬢さん方、シンデレラのように親切で優しくなければいけないのですよ！

日本全国のお嬢さん方に読んでほしい教訓だ。　□

映画の印象の五〇％以上は、最後のシークエンスに依存する*（映画の場合、観客はすでに映画館に入ってしまっているから、最初の場面がつまらないといって出ていってしまう心配はない。したがって、「始め方」について、文章の場合ほど苦労する必要はないのである）。

じつは、テレビ出演も終わり方が重要だ。講演やパネル・ディスカッションもそうだ。視聴者や聴衆は、途中で話すことのすべてを必ずしも注意深く聞いているわけではない。少なくとも、よく覚えてくれてはいない。話の内容より、「ネクタイがずれている」とか、「髪が乱れている」といったことに注意が向いてしまう。

しかし、「最後のひとこと」はよく覚えている。そのひとことが、番組や講演全体の記憶として残る。「だから、途中では、どう話すかよりネクタイと髪に注意する。そして、最後のひとことに全力を傾注すべきだ」とアドバイスしてくれた人がいる。全面的に賛成するわけではないが、一面の真理をついていることは、間違いない。

＊小説と映画の終わりの名場面について、別のところで書いたことがある。そこで取り上げたのは、小説では、A・ビアースの短編。映画では、「市民ケーン」「アメリカン・グラフィティ」「惑星ソラリス」「ストーカー」「ノスタルジア」（「白鳥の歌」『「鏡の国」の経済学者——「超」整理日誌4』ダイヤモンド社、一九九九年）。

## 第3章のまとめ

1　文章には、つぎの四種類のものがある。
（1）一五〇〇字——通常は、文章の一部である「パラグラフ」となる。試験で要求される作文は、この長さ。
（2）一五〇〇〇字——短文。新聞の論説や週刊誌の一頁エッセイ。試験の「長文読解」は、この長さ。
（3）一万五〇〇〇字――長文。本格的な論文。
（4）一五万字――本。
これらのうち、一五〇〇字の「短文」と一万五〇〇〇字の「長文」が基本である。このどちらであるかによって、書き方は違う。

**2** 文章の書き出しは、読者獲得のために大変重要である。脱兎文、ポーリンのクリフハンギング、竜頭文などの手法がある。タイトルも重要だ。文章を言い訳で始めてはならない。

**3** 文章の終わりは重要である。最後から読む人もいるからだ。また、読後の印象は、最後の箇所に依存するところが大きい。

# 第4章　筋力増強――説得力を強める

複雑な論理や抽象的な概念をわかりやすく説明し、印象的に伝えるための方法は、比喩、具体例、そして引用である。わかりやすい解説書の著者は、この三つの手法を非常にうまく使っている。

こうした技法（とくに比喩）は、「レトリック」と呼ばれることもある。これらをうまく使えるかどうかは、蓄積してきた知識量に依存するところが大きい（とくに引用は）。だから、一夜漬けは難しい。ただし、ある種の一般的なノウハウを示すことはできる。それについて、本章で述べる。

## 1　比喩を用いて一撃で仕とめよ

### レトリックの重要性

まず何より、こうしたテクニックの重要性をつねに意識すべきだ。もちろん、意識したからといって、すぐにうまくなるわけではない。ただし、文章を読む際にいつもこのことを意識していれば、次第にうまくなってゆくだろう。意識するかしないかは、長期的には大きな違いをもたらす。

文章の説得力を増すのは、いわば筋力増強だ。だから、この技術はドーピングのようなものである。ドーピングは、スポーツ大会では禁止されている。しかし幸いなことに、文章執筆では禁止されていない。だから、遠慮せずにどんどん使うべきだ。そして競争相手に差をつけよう。

成功したら、こう懺悔《ざんげ》しよう。「神様、私は少しばかり罪を犯しました。あまりに強力なレトリックを使ったのです。そして、論理と内容よりは表現法によって、論争相手を打ち倒してしまいました。正直に告白しますと、論理と内容において正しかったのは、相手のほうだったのです。私の罪を、どうかお許しください」と。

骨組みと筋肉ができれば、あとは化粧だ。これについては、第5章と第6章で述べる。

## 一撃で仕とめる

経済政策には構造改革と景気対策がある。この二つはどう違うのか？

> （Ⅰ）構造改革とは手術のようなものだ。これに対して景気対策は、熱さましでしかない。

という説明が、一番わかりやすい。

（II）経済変動には、経済構造パラメータの長期的・傾向的な変化に起因するものと、変数の短期的・循環的な変化に起因するものがある。前者に対応するのが構造改革であり、後者に対応するのが景気対策だ。

という説明と比べてほしい。比喩を用いた（I）のほうが、ずっとわかりやすい。（II）の説明は正確だが、ピンとこない。

（I）の比喩を続ければ、つぎのようになる。

（III）金融緩和は構造改革に資するという意見がある。これは、手術の際に麻酔薬が必要というのと同じだ。たしかに、痛みを緩和しないと、メスは入れにくい。しかし、痛み止めは快感をもたらす。それに中毒になって手術が忌避されてしまうことも多いので、注意が必要だ。

「比喩」は、明白なことを持ち出して、「それと同じ論理構造になっている」とする説明法である。簡潔であり、強力だ。内容をいちいち説明せずに、「一撃のもとに」仕とめてしまう。経済問題などについて複雑な論理関係を説明するには、非常に有効だ。ただし、下手にやるとかえって混乱してしまうこともあるので、注意を要する。

比喩を使うと、論理関係がすぐにわかるだけではない。印象に残る。うますぎる比喩だと、本体が忘れられて比喩だけが記憶に残ることもあるくらいだ。

比喩はきわめて強力だから、意図的にミスリードするために使うこともある。政治的な意図をもった文書ではよくあることだ。読者としては注意が必要である。

第3章で、「文章の始めと終わりは、離陸と着陸のようなもの」と言った。しかし、よくよく考えると、これらが重要である理由は、文章の場合と飛行機の場合では違う。それにもかかわらず、この比喩は有効だろう。

比喩は、学術論文ではあまり必要ないと考えられている。むしろ、ないほうがよいとされることが多い。しかし、必ずしもそうではない。例えば、ケインズは、株価の決定は美人投*票のようなものだと言った。この比喩は、非常に複雑な現象をわかりやすく説明している。

学問で使われている概念自体が比喩である場合もある。例えば、経済学で用いる「均衡」や「弾力性」などの概念は、もともとは物理学から借りてきたものであり、ある種の比喩である。

私がこれまで聞いた比喩で最も印象的だったのは、フェルマー最終定理の証明に成功したワイルズの業績に対して、プリンストン大学の数学部長が述べた言葉である。彼は、「われわれが生きている間にこの証明に接することができたのは、ベートーベンの後期四重奏曲を聞けるのと同じような奇跡だ」と言った。

＊ 正確に言うと、「美人投票の順位を予測するゲームと同じだ」というのである。このゲームに勝つためには、誰が美人かを主観的に判断するのではなく、「投票者が誰を美人と考えるか」を推察する必要がある。

## 比喩と類推

比喩は、論理的な関係をわかりやすく説明するための道具だが、それだけでなく、類推の手段でもある。

とくに、物理学では多用される。電波、音波、光波などの「波」という概念は、海の「波」を用いて、抽象的な概念を説明している。これは、ある種の比喩である。原子構造の太陽系モデルもそうだ。

数学では、抽象概念を説明するのに図形的なイメージを用いることが多い。「射影」というのは、空間に棒を置き、上から光をあてて床に映る影をイメージしたものだ。「写像」というのは、幻灯のイメージである。Minmax（最大値の最小）、Maxmin（最小値の最大）という概念を馬の背に置く「鞍《くら》」で表すこともできる（実際、鞍点《あんてん》saddle point といわれる）。図を用いると、直観的に結論を出すこともできる。ただし、図が制約になって結論の範囲が限定されたり、場合によっては誤った結論に導かれることさえあるので、注意が必要だ。

## 名前をつけよう

抽象的な概念には名前をつけよう。名前は、比喩と似た面もある（ある意味では比喩だ）。人間は、「名」をつけることによって世界を認識している。名前がないものは、存在すら認知できない。「桜」という名があるから桜の花を識別できる。「身のまわりのものに名をつける」ということを最初に思いついた天才は、誰だったのだろう？　人類は、「ヤマ」「カワ」などと身のまわりのものを呼ぶことによって、進化の階段を登ったのだ。

私は、『「超」整理法』で、さまざまな概念に名前をつけた。「神様ファイル」「こうもり問題」「君の名はシンドローム」「家なき子問題」など。いささかこみいった概念をうまく伝えるのに役立ったと思う。

ギリシャ神話の名は日本ではなじみがないためか、受け入れられない。私は、「超」整理法の別名を「アリアドネの糸」としたのだが、誰も評価してくれなかった。また、英語でないと駄目だ。「ドッペルゲンガ・シンドローム」（正本を二つ作ってしまうこと）は、私自身はうまい命名だと思っているのだが、広まらなかった。ドイツ語だからだろう。

名前を童話からとることもできる。みにくいアヒルの子定理、シンデレラ的願望、長靴をはいた猫シンドローム、ジャックと豆の木問題、ガリバー的企業など。ただし、よく知られているものでないと、駄目である。

ケインズは、命名もうまい。「アニマル・スピリット」「流動性のワナ」など。こうしたセンスは、使徒会やブルームズベリー・グループなど、知的エリート集団での議論で培われたものだろうか？

日本では、福田赳夫元首相が命名の名人だった。「昭和元禄」「狂乱物価」「石油ショック全治三年」など、簡単な名前で経済問題をうまくとらえている（少し野暮ったいが）。

商品でも「ネーミング」は重要である。社名もそうである。ソニーがその前身の社名である東京通信工業のままだったら、世界的企業になれたかどうか、わからない。

昔は、小説や外国映画の邦題にも、じつにうまいのがあった。『若草物語』（*Little Women*）、『小公子』（*Little Lord Fauntleroy*）、『母を訪ねて三千里（愛の学校）』（*Cuore*）、『巌窟王』（*Comte de Monte-Cristo*）などは、原題を超えている。それとは逆に、最近の映画のタイトルには、がっかりする。*The Lord of the Rings* を「ロード・オブ・ザ・リング」として平然としているのは、いったいいかなるセンスだろう。

## 文学における比喩

文学作品においても、比喩は多用される。ただし、目的は論理関係の説明ではなく、抽象的概念や想念の視覚化である。あるいは、状況を「……のように」と説明するためだ。また、登場人物の性格や考えを説明するためにも使われる。

この種の比喩において、ドストエフスキイを超える作家は、今日にいたるまで現れていない。『罪と罰』のスヴィドリガイロフは、永遠について、こう語っている。*

「田舎の湯殿みたいな煤《すす》けた小っぽけな部屋があって、その隅々に蜘蛛が巣を張っている、そしてこれが即ち永遠だと、想像してごらんなさい」

この簡潔な比喩は、永遠についての考察を何十ページにわたって展開するより、そして、スヴィドリガイロフの性格を数十ページにわたって説明するより、遥かに強烈な印象を読者に与える。

三島由紀夫は、形容詞と「のように」という比喩の花園として岡本かの子の文章を、そして、形容詞と形容句の連続による複雑な文体の例としてプルーストを、それぞれ紹介している。このような比喩表現は、テレビや映画で画像によって実際のイメージを示すより強力である。

しかし、学術的な論文はもとより、論述文一般について、情景を描写するための比喩は、あまり過剰でないほうがよい。葬儀の席でセクシーな香水が漂うような感じになってしまうからである。

なお、以上で述べた「……のように」は、「直喩」といわれるものであるが、文学では「隠喩」がしばしば用いられる。

例えば、シェイクスピアの『マクベス』で、マクベス夫人が「いくら手を洗っても血が落ちない」というのは、実際の状況を誇張して表現しているのではない。「血」は、罪の隠喩として用いられている。カミュの『ペスト』やカフカの『変身』は、全体が隠喩だといってもよい（ただし、一般に作者は、隠喩と解釈されることを嫌う）。

＊ 第4編1（米川正夫訳、河出書房版による）。

### 人体は便利に使える

さまざまな対象について、人間の身体に喩えるのは、最も有効だ。人体ほど精巧に発達したものはないからだ。一つ一つの器官が機能分化しており、各々は非常に高度の機能をもっている。しかも、その機能は誰でも知っている。だから、喩えようとするときには、まず人体を考えるとよい。

いくつかの例を示そう。

◆日本経済のどこが問題なのか？　これまでは、手足が少し疲れただけだった。しかし、どうも中枢神経が冒されているようだ。脳さえ損傷しているかもしれない。

◆首が飛ぶかもしれないときにヒゲの心配をしてどうする（映画「七人の侍」における村の長老の言葉）。

◆高速道路は動脈だが、毛細血管にあたる市町村道も重要だ。

慣用句となっているため、つぎのように、人体を用いた比喩であることを意識しないものさえ、多数ある。

◆頭でっかち、頭隠して尻隠さず、目から鱗《うろこ》が落ちる、目から鼻へ抜ける、目に入れても痛くない、目には目を歯には歯を、目の上のたんこぶ、目の毒、目をむくような、口は禍《わざわい》の元、口八丁手八丁、唇寒し、二枚舌、舌の根の乾かぬうち、喉元すぎれば熱さを忘れる、喉から手が出るほどほしい、自分で自分の首を絞める、手に余る、掌《たなごころ》を指すごとく明らか、手の舞い足の踏むところを知らず、手足になる部下、足を洗う、手足を縛られている、すねに傷もつ、腹ふくるるわざ、背に腹は代えられぬ、腹も身の内、血となり肉となる。

## 人体以外で使えるもの

もちろん、人体以外のものも、比喩に使うことができる。

【1】自動車の部品や装置

エンジン、ブレーキ、アクセル、シャシーのように機能分化しているので、「牽引する」「止める」「加速する」などを表すのに使える。「会社を発展させるには、技術という強力なエンジンが必要だ。同時に、間違った方向に暴走しないためのブレーキ役となる人も必要である」というように。

【2】会社の組織

総務、企画、営業、人事、経理、工場のように機能分化しているので、「企画部門ばかり強くて営業が弱い会社のようだ」「本社ばかり立派にして工場が古いままの会社のようなものだ」などと使える。

【3】誰もがよく知っている人名

◆スターリン的恐怖政治、周恩来的政治手腕。

◆ナポレオンとヒトラーをあわせたようなことになる。

◆ゴリアテに立ち向かうダビデのような人だ。

【4】歴史的事実

◆ITは第二のゴールドラッシュだ。印刷術の発見のようなものだ。第二の産業革命だ。
◆日本経済は、氷山に衝突する直前のタイタニック号のような状態だ。
◆ドイツ軍が冬のロシアに攻め込んだようなものだ。

【5】特定の機能を表す代表的な地名

◆すべての道はローマに通ず。
◆わが町での銀座通り。
◆ニューキャッスルに石炭を運ぶようなものだ（ただし、ニューキャッスルを知らない人が増えたので、この比喩の有効性は減少した。そのうち、石炭さえ知らない世代が現れるだろう）。

【6】スポーツもしばしば有効

◆マラソン選手に短距離を走らせるようなものである。
◆ボールなしにサッカーをやろうというようなものである。

【7】自然現象

◆水が温度次第で気体、液体、固体になるようなものだ。
◆月が地球の周りをまわるようなものだ。

【8】漢語を用いた表現
「人生にはいろいろなことがあって……」と長々と述べるより、「塞翁《さいおう》が馬」というほうがよい。一般に、長い表現は印象を散漫なものにする。短い表現で一撃のもとに仕とめる必要がある。この目的のために、中国の故事は有効だ。とくに、『三国志』は宝庫である（ただし、誰もが知っているわけではないから、簡単な説明は必要かもしれない）。
◆韓信の股くぐり、泣いて馬謖《ばしょく》を斬る、孔明の嫁選び、三顧の礼、桃園の契り、死せる孔明生ける仲達《ちゅうたつ》を走らす、等々。
もちろん、『三国志』以外にも、便利なものが多い。
◆朝三暮四、木によりて魚を求む、九牛の一毛、滄桑の変、等々。

## 2　具体例を示す

### 構造改革と景気対策の違いを例で説明する

この章の最初の設問に戻ろう。構造改革と景気対策はどう違うか？　1では、「比喩による説明」を示した。

もう一つの説明方法は、

（IV－1）景気対策としては、減税、公共事業の追加、金融緩和などがあり、構造改革としては、間接金融から直接金融への金融構造の転換などがある。

というものだ。つまり、いくつかの具体例を出すのである。できるだけ典型的なものがよい。ただし、構造改革と景気対策のような抽象概念だと、単に例を出しただけでは、どこが違うのかを明確にできない場合もある。そこで、つぎのように、例に共通する性質を説明する。

（IV－2）景気対策とは、減税、公共事業の追加、金融緩和のように経済全体の需要を増減させる政策であり、構造改革とは、金融構造の転換のように経済の基本的構造を変えようとする政策である。

「例」は、「例えば」である。「比喩」は、「喩えれば」だ。同じく「たとえ」なのだが、意味が違う。なお、比喩と例示は、併用してもよい。

比喩や引用は基礎知識がないとうまくできないが、具体例を示すのは比較的簡単である。ただし、抽象的概念について適切な例を見出すのは、必ずしも容易ではない。

アダム・スミスは、『国富論』の冒頭で、「分業の利益」という概念をピンの生産で示している。リカードは、「比較優位の原則」を、イギリスとポルトガルにおけるワインと羊毛の生産で説明している。同じ概念の説明に、サミュエルソンは、『経済学』という教科書で弁護士とタイピストの例を用いている。

エピソードを示すのもよい。面白い話なら、読者の興味を惹く。ただし、普通の人の日常の話では面白くない。めずらしい話、あるいは有名な人の逸話がよい。

具体例と一般原則は、どちらを先に示すべきか？　数学では、まず定理を示し、その後で数値例を示す。つまり、一般から特殊へ、抽象から具体へという順序になる。しかし、普通の叙述では、まず具体例を述べ、「これを一般化すると、つぎのようなことがいえる」とするほうがわかりやすい。とくに、一般化した命題があまり知られていない場合は、そうである。もちろん、この二つの方法は、併用してもよい。本書では両方使っている。

## 数字で示す

数字で示すのも、具体的に示す一つの方法だ。アダム・スミスは、分業の利益を数字で示した。一人の労働者が作れば一日一本のピンを作ることもおぼつかないが、作業を分割して一〇人の労働者で分業すれば、一日一人あたり四八〇〇本のピンを作ることができると言うのである。

「円安は輸出産業に有利」と言うより、「トヨタ自動車は、一〇円の円安によって年間利益が二〇〇〇億円も増える」と言うほうが、イメージを摑みやすい。

政治家では、田中角栄、竹下登両元首相が数字に強いことで有名だった。ただし、数字で示すには、調査が必要だ。また、間違えると致命的である。

これを別の観点からいえば、数字で示しているのは、書き手が真剣に取り組んでいる証拠でもある（ついでにいえば、索引も、書き手が真剣である証拠だ）。

数字の示し方にもテクニックがある。大きな数字は、感覚的に把握できないことが多い。こうした場合、

「宇宙が誕生したのが一年前だとすると、恐竜の時代は五・七日前から一・五日前まで続いた。原人が誕生したのが一六分前で、エジプトに農耕文化が始まったのは一四秒前である」

と説明すれば、相対的な時間感覚が把握できる（表４－１）。

あるいは、「地球から太陽までの距離を一メートルとすると」と

**表４－１　大きな数字の示し方（１）**

| | |
|---|---|
| 宇宙の誕生（約160億年前） | １年前 |
| 地球の誕生（約50億年前） | 114日前 |
| 生命の誕生（約30億年前） | 68日前 |
| 恐竜の発生（約２億5000万年前） | 5.7日前 |
| 恐竜の絶滅（約6500万年前） | 1.5日前 |
| ジャワ原人、北京原人の登場（約50万年前） | 16分前 |
| エジプトでの農耕開始（紀元前5000年頃） | 14秒前 |

**表4－2　大きな数字の示し方（2）**

| | |
|---|---|
| 地球と太陽の距離（1天文単位＝1億5000万km） | 1m |
| 地球の直径（約1万2400km） | 0.08mm |
| 地球と月の距離（約38万km） | 2.56mm |
| 太陽と冥王星の距離（約40天文単位） | 40m |
| 最も近い恒星までの距離（4.22光年） | 267km |
| アンドロメダ星雲までの距離（250万光年） | 1億5800万km |

注）1光年＝6万3200天文単位＝9兆4600億km

いう方法で宇宙の相対的な大きさを示すこともできる（表4－2）。太陽系の外の距離が、比較にならないほど遠いことが実感できる。太陽系の大きさを実感するには、地球と太陽の距離を一〇〇メートルとして考えてもよい。地球は直径約八ミリのボールで、月が約二五センチ離れたところを回っているわけだ。こうした比較をしていると、人間がいかにはかない存在かがわかる。

新しいハッブル望遠鏡の解像度を説明するのに、「ワシントンから東京を見て、二メートル離れて飛んでいる二匹のホタルを見分けられる」との説明があった。「解像度」というわかりにくい概念を、うまく説明している。ただし、「ワシントンから東京」という距離は、多くの人は直観的に掴めない。私は「札幌から東京を見て、二〇センチ離れているホタルを」と言うほうがわかりやすいと思う。

小さな数字も同じ方法で示すことができる。「パソコンで使うハードディスクとヘッドの間隔は非常に狭い。一ミリ程度の大きさのスライダ（ヘッド）が、回転ディスク上を空気の圧力で約一五ナノミリ浮上して信号の読み書きを行なっているので、空気の清浄化が必要」

こう言われてもピンとこないが、「スライダをジャンボジェット機の大きさに拡大すれば、地上数ミリの高度を飛行していることになる。微細なほこりが巨大な岩石のようになる」と言われると、わかりすぎるくらいよくわかる。

抽象的な数字もわからない。「失業率五・六％」と言われても、イメージは浮かばない。「失業者数三五〇万人」と言われれば、もう少しはっきりする。「横浜市の人口とほぼ同じ」と言われると、もっと具体的なイメージになる。

大きな数字や小さな数字の相対関係を正確に評価できないのは、人間の感覚が対数スケール的になっているからである。つまり、一〇〇は一〇の二倍であり、一万は一〇〇の二倍であるような錯覚に陥りやすいのだ。

「大きさ」を適切に判断できないのには、もう一つ理由がある。日常的な感覚と抽象的な感覚が連続していないことだ。

財務省主計局の人間のことをからかって、つぎのようなことが言われる。彼らは、予算査定の際に、一〇〇万円くらいの項目はじつに細かく査定する。なぜなら、日常生活で扱うオーダーの金額だからだ。しかし、数億円という項目になると、「こんなはした金」と言う。このオーダーだと、抽象的にしか捉えられなくなるからだ。これも、「大きさは実体験でしか把握できない」ことの例と言えるだろう。

## 抽象化とモデル化

具体例で示すのは、抽象的概念が一般にはわかりにくいからである。しかし、数学の専門家と話していると、「あなたの話は具体的すぎてわからない。もっと抽象的に話してください」と言われることがある。たしかにそうだ。抽象概念のほうが適用できる範囲が広く、そして論理のつながりも明瞭なのである。

抽象的思考は、対象となる問題について正しい理解を得るために、どうしても必要なことである。これは、物理学の歴史を考えると明らかだ。物体の落下について、「重い物体ほど速く落ちる」というアリストテレスの法則が、長い年月にわたって信じられていた。しかし、そうなるのは、空気の抵抗があるからだ。空気抵抗を切り捨て、落下運動を抽象化すると、「すべての物体は同じ速さで落ちる」というガレリオの法則が得られる。

大きさも重さも形も異なるさまざまな物体が空気中を落下するさまが、現実の事象である。ここから出発して、大きさも形もない「質点」が真空中を落下するさまを想像するのが、「抽象化」だ。抽象化というのは、物事の本質にかかわらないすべてを切り捨て、本質だけを残すことなのである。

具体的な物体の落下現象を、いかに広範な対象について、いかに詳しく観察したところで、ガリレオの法則に辿《たど》り着くことはできない。具体例は抽象的な概念の理解には役立つが、そのレベルにいつまでもとどまれば、理解を前進させることはできない。

ガリレオ法則の発見こそ、物理学の出発点であった。その認識を基礎にして、近代科学の体系構築が可能となった。アリストテレス的認識にとどまるかぎり、人類は自然現象の正しい把握にいたることはなく、ましてや、それを利用した工学技術を作り上げることはできなかったろう。

しかし、適切な抽象化を行なうのは、決して容易ではない。経済現象や社会現象については、とくにそうである。何を「本質にかかわりのない枝葉末節」と考え、何を本質と考えればよいかが、必ずしも明確ではない。異なる経済理論が並存するのは、現実をいかに抽象化するかが異なるからだ。経済論争の多くは、抽象化に関する考え方の差から生じている。

## 3　賢いキツネになれ——引用の技術

### タダで雇える用心棒

引用とは、簡単にいえば、権威に頼ることである。これも説得力を高めるための技術だ。「私はこう考える」と言うより、「ゲーテがこう言った」のほうがありがたみがある。

この場合、「ゲーテが書いているなら、あなたが繰り返す必要はないだろう」と言う人はいない。必ず、「ほう、ゲーテも言っていることなのか」、「ゲーテが言っているほど深遠なことを、あなたも考えているのですね」という反応になる。

これが本来の機能だが、引用の機能はそれだけではない。しばしば、護身術として非常に重要である。つまり、弱者であるあなたは、強者である「引用」に守ってもらうわけだ。これが引用の第二の機能であり、この機能の利用は、権威主義的な学者を相手にするときには、必須といってよい。仮にあなたが何の引用もなしに手ぶらで出かけていったら、あなたの論考の内容がどんなに斬新でどんなに独創的であろうとも——否むしろ、斬新で独創的であればあるほど——権威主義の先生にコテンパンにやられるだろう。しかし、あなたの後ろに先生より偉い権威が控えていれば、先生は決して手出しができない。

つまり、「権力はないが頭は強いあなた」は、「権力もあり頭も強い権威」を用心棒として雇い、「権力をもっているが頭が弱い先生」に立ち向かうのだ。

本当に優れた学者は、「すでに確立された権威」にひれ伏すのでなく、「将来において権威になるであろう論文」（つまり、あなたの論文である）を見抜く眼力をもっている。しかし、そうした学者は、残念なことに、暁天の星よりも稀有《けう》だ。あなたの先生が稀有な一人でないとは言わないが、天真爛漫《らんまん》に頭からそう仮定しないほうが、身のためである。

一般に、用心棒を雇うには、かなりの出費が必要である。しかし、引用は、普通はタダでできる。こんなに安上がりでこんなに強力な護身術を使わない手はない。

## 学術論文での引用

学術論文においては、以上で述べたのとはまた別の意味で、引用が不可欠と考えられている。それは、論文の内容が思いつきや独り善がりでないことを示すことだ。これが、引用の第三の機能である。

この意味での引用は、単なる「飾り」以上のものだ。すべての学問分野に共通することだが、新しい理論は、それまで積み重ねられてきた知見の上に築かれる。先行業績を無視した「独創理論」は、単なる独善的ドグマでしかない。したがって、学術論文の場合には、当該論考とそれまでの知見との関係を、引用によって示す必要がある。少なくとも、参考文献を明示しなければならない。それらがなければ、著者はその分野の素人とみなされる。

旧ソ連の物理学者A・B・ミグダルは、「偽りの大発見」はつぎのような特徴をもっているので、簡単にチェックできると述べている。*

「論文の著者は、問題となっている課題について専門教育を受けていない。同時代の科学上の著作を正確にきちんと引用しておらず、それほど事情に通じていない」

＊ A・B・ミグダル（長田好弘訳）『理系のための独創的発想法』東京図書、一九九二年。

### キツネ文の見分け方

力も頭も弱いキツネ（あなたのことではない）が、トラの助けを借りる場合も多い。本人の中身は空虚であるにもかかわらず（あるいは、それゆえに）、「大きなもの」「偉いもの」によりかかって自分を大きく見せようとする。こうした人々を、「トラの威を借るキツネ」という。

この病に冒されている典型的な人々は、学者（正確にいうと、えせ学者）に見出される。彼らが書いたものを見れば、内容を読まなくとも、形式基準だけで判定できる。その見分け方を以下に述べよう。

第一に、中身がないのに、引用ばかりが多い。「マルクスによれば」「ケインズによれば」「ハイエクによれば」……と、引用の寄せ集めのような論文もある。

こういうものを、「キツネ文」と呼ぶことができよう。キツネ文が尊重されるのは、必ずしも日本の特殊事情ではない。しかし、島国であるため外国語との言語格差が著しい日本では、権威を海外に求めるキツネが跋扈《ばっこ》しやすい。

第二に、「私は……と考える」「私の意見では……である」という一人称代名詞が現れない。必ず「といわれている」「が学界の大勢である」となる。あるいは、「よく知られているように」「といわれて久しい」などとなる。主張すべき自分の考えをもっていないから、こうした表現になる。逆に言えば、「私は」と書いてある論文は、信頼できることが多い。*

権威主義者は、ジャーナリストにも多い。もっとも、学者のような文章を書いては誰も読んでくれないから、文章の形式だけでは判別しにくい。ただし、中身はないから、少し読み進めばわかる。会って五分も話せば、さらに明白になる。権威には無条件に服従するが、そうでない人には高圧的になる。新聞社の政治部で有力政治家の番記者になると、こうなってしまう人が多い（すべての人がそうだとは言わないが）。こういう考えの人から読む価値のある文章が出てくるはずがない。事大主義と権威主義こそ、文章の最大の敵である。

キツネ文を書く人たちは、引用に助けてもらっているのでなく、引用に食われてしまっているのである。ケネディ大統領の就任演説の中に、「虎の背にまたがって力を求める者は、最後は虎に食われる」という箇所があるが、その典型例だ。

＊　学術論文において、かつては「私は」という表現を避け、「われわれは」としたり、受身文で書くことが通例だった。しかし、最近は、「私は」という書き方が奨励されている。

## 出羽キツネの生態

日本に生息しているキツネの一種に、「出羽キツネ」というのがいる。これは、「〇〇デハ、こうだ。□□デハ、こうだ」と連呼するキツネである（「出羽の守」ともいう）。「デハ、デハ」と言っていると、自分が高みに上ってゆき、読み手を見下せるような気持ちになる。

例えば、「物価が下がるのはよいことだと無邪気に言う人が多いが、経済学デハ違うのだ」といった具合である。あるいは、「日本の男性は野蛮ですが、フランスでは男性は皆親切で」という、フランス在住一〇年のA子さんのご意見など。

統計をとったわけではないが、「デハ」の三傑は、つぎのものだろう。「経済学では」「アメリカでは」「フランスでは」。

「デハ文」を解析すると、「デハ」と言っている人の心理状況がわかって面白い。まず、「ボクは経済学を知っているのだが、キミは知らないだろう」という前提がある。そして、「経済学の教科書にはこう書いてあるのだが、キミは知らないだろう」と続く。「キミが知らない理論だから、反論できないだろう」というのが結論だ。書いてあることといっても、あまり大した内容ではない。そして、言っている本人が正確に理解しているわけでもない。しかし、経済学を勉強したことがない人に対しては、これは脅し文句として立派に通用する。つまり、「……デハ」と言うのは、こけ脅しにすぎないのだ。

他方において、これが重要なのだが、「デハ」で言われることは、必ずしも万人が認める真理ではない。「アメリカでは」と言うが、アメリカのような多様な国で、皆が同じことをしているはずがない。だから、これは、都合のよい面をとってきただけなのだ。

「経済学デハ」が発生するのも、同様の理由による。考えてみよう。「数学では、直角三角形の直角をかこむ二辺の長さの二乗の和は、他の辺の長さの二乗に等しい」などと言うだろうか？　決して言わない。ピタゴラスの定理は、誰もが認める普遍の真理であり、わざわざ「数学では」と言う必要はないのである。「経済学デハ」という言葉が出てくるのは、逆に言えば、「本当は違うかもしれないが、経済学デハ」ということでもある。つまり、それは、経済学の多くの命題が、万人が認める普遍の真理ではないことの証拠なのだ。

誤解のないように断っておくが、経済学の中にも、多くの人が認める真理はある。例えば、「同じ品質なら、価格の安いほうを買う」。だが、こうした場合には、わざわざ「経済学デハ」とは言わないものだ。

### さりげなく引用するか、「さりげに」やるか？

引用は「さりげなく」行なうべきか？　それとも「さりげに」やるべきか？

「表面的にはさりげなく、しかし、実質的には限りなくさりげに」がよいと、私は思う。

映画「ローマの休日」で、アン王女が新聞記者ジョーの前で、"Aritheuso rose from a couch of snows in the Aquasaromian Mountains" という詩を口ずさむ場面がある。「さりげなく」口ずさむのだが、これをめぐって、「キーツよ」「シェリーだろう」「いえ、キーツ」「シェリーだって」と二人が押し問答を始める。残念ながら、われわれには参加できない超高尚論争だ。二人の教養の深さを「さりげに」表しているのである。「ローマの休日」で最も印象に残るシーンの一つだ（この正解は、シェリーである。つまり、王女でなくジョーが正しい）。

「キツネ文」における引用は、権威を借りてきて自分の意見を正当化しようというものだ。しかし、巨匠が行なう引用になると、引用であっても、それ自体が独立した文学作品になる。

ドストエフスキイの作品の最も重要な場面に、しばしば聖書が登場する。『カラマーゾフの兄弟』の第七篇の最後には、カナの婚礼の引用がある。奇跡を否定したはずのイエスが奇跡を行なう。しかも、病気を癒したり死人を蘇《よみがえ》らせたりするのでなく、祝宴の席でブドウ酒を作る。なぜこんな下らないことが最初の奇跡なのかと、『ヨハネ伝』を読んだ人は誰でも不思議に思うはずだが、その理由が力強く述べられている。

『罪と罰』の中で、ソーニャが「ラザロの復活」をラスコーリニコフに読んで聞かせる場面がある。これは、聖書を題材にしているというよりは、ほとんど聖書の紹介になっていると いう意味で、珍しい場面だ。聖書の物語に解釈を加えるわけではなく、それを手がかりに思想を述べるわけでもなく、第四福音書第十一章をそのまま紹介している。それにもかかわらず、息詰まるような場面だ。聖書が新しい生命を吹き込まれたように聞こえる。

## どこから引用するか？

論文の場合には、必ず元の論文から引用しなければならない。教科書や解説書などから引用すると、「キミは論文というものを読んだことがないのかね？」という意地悪批判に必ず襲われる。私も、学生がゼミの発表で経済学事典から調べたことを報告すると、「元の論文を読め」と注意する。これは、教師という職業の性《さが》である。

論文の口答試験で、他の試験官がこうした質問で学生いじめをするのに辟易《へきえき》することがある。大声で勧められることではないが、読んでいなくとも元の論文を引用すればよいのだ。こんな簡単なことをしないのでは、いじめられてもしようがない。

一般的なエッセイや講話などでは、聖書、シェイクスピア、ゲーテは、「三大引用元」である。すべての真理は、ここに書かれてしまったのではないかと思えるほどだ。日常会話のすべてをシェイクスピアの引用だけで言う人もいる。

日本の古典文学では、『徒然草』である。これを引用すれば、「西洋かぶれしていない」という評判を勝ち取ることができる。ついでにいうと、日本の古典エッセイ集としてはもう一つ『枕草子』があるが、こちらは使いにくい（自慢話ばかり多いから）。『源氏物語』などは、論述文では引用のしようがないので、最初から相手にしないほうがよい。

シャーロック・ホームズも宝庫だ。『徒然草』と同じで、プロのノウハウがある。経済学者が好んで使う。

経済学者では、ケインズの右に出る人はいない。普通とは違った見方が示されているので、面白い。ただし、経済学を知っている人の間では、あまりに陳腐になってしまった感もある。私も彼のある言葉を好んで使っていたが、先日じつに下らない陳腐な文脈でそれが使われているのをみて、使うのが嫌になってしまった。

孫引きは許されるだろうか？　原則論としては、駄目である。しかし、私は、あまり厳格でなくともよいと思っている。「原典にあたれ」と強調するのは容易だ（これは、「教科書や百科事典でなく元の論文」ということと似ている）。しかし、じつのところ、これは一種のマゾヒズムではないかとも思う。

ただし、あなたの見た引用が間違っている可能性には注意する必要がある。だから、可能なかぎり、元の文献を確認しよう。この章の最後に述べるように、いまではインターネットの助けで原典に辿り着くのが容易になった。

## 嘘でもよいか?

第1章で述べたように、マイクル・クライトンの『アンドロメダ病原体』の引用は、創作だそうだ。

真面目な論述文では、もちろん創作的引用（つまり、嘘の引用）は許されない。しかし、エッセイや講演などでは、ある程度は許されるだろう。誰かが本当だと思って孫引きしてくれないかという、ひそやかな楽しみもある。

よく考えてみると、政府がやっている「審議会」とか「諮問委員会」というものも、「嘘の引用」の一種である。答申内容は最初から決まっていて、それを審議会で形式的に論議しているだけだ。答申を有難くいただいた官僚が「審議会のご討議で貴重なご意見をいただき……」などと真面目な顔で言えるのは、まことに鍛錬の賜物《たまもの》だ。こういうことを臆面《おくめん》もなくできるのが、プロの官僚である。素人がやったら、読み上げている途中で口元が緩んでしまうだろう。

多少危険ではあるが、つぎのような悪用もできる。「つぎの命題を証明せよ」という論述試験の解答で、「この結果は、よく知られているポントリャギンの最大原理の特殊な場合として明白である」という調子でやるのである。「ポントリャギンがこうしたことを言っていない」と証明するのは、それほど簡単ではない（一般に、存在しないことの証明は難しい）。勉強不足の教授としては、調べるのが面倒だから、少なくとも零点にはしないだろう。ただし、バレないように、よく知られていない学者の名前を持ち出すのがコツである。

## エピグラフ

エピグラフというのは、本や章の始めにある題辞のことである。モットー（motto）と言うこともある。

アイザック・アシモフの『夜来る』の最初に、If the stars should appear one night in a thousand years . . .（もし星が千年に一度しか現れないのであれば）というエマーソンの文章が引かれている。*

千年に一度しか星が見えない異星の世界を想像するのも楽しいし、そのとき何が起こるだろうと考えをめぐらすのも楽しい。そして、アシモフの作品は、こうした期待に正面から応えてくれる。「エピグラフはかくあるべし」という見本のような引用だ。どうやってこれほどぴったりした文章を探しだせたのだろうと、長年不思議に思っていた。

アシモフ自身が書いた本で、その秘密を知った。じつは、これが作品の出発点だったのだ。

ＳＦ雑誌の編集長ジョン・キャンベルが、エマーソンの文章をアシモフに示し、「これを逆転した話を書いてみよ」とアドバイスしたのだそうだ。**

エピグラフは、日本の本ではあまり見かけないが、うまくやると非常に印象的だ。ただし、訳語を用いる場合には、文章を吟味する必要がある。ドストエフスキイ『悪霊』のエピグラフに、聖書とプーシキンの詩が引かれている。私が最初に読んだのは、戦前に刊行された本で、どちらも文語訳。鬼気迫る印象的な訳だった。ところが、プーシキンの詩を現代語訳で読んだらまったく別物で、がっかりしたことがある。***

* Ralph Waldo Emerson, *Nature*, 1836. この全文は、http://www.ecotopia.org/about/nature/naturel.html にある。邦訳は、『エマソン論文集』上（酒本雅之訳）、岩波文庫、一九七二年。

** John Wood Campbell, Jr., 1910–71. この話は、アシモフ『ゴールド』にある。

*** 米川正夫訳の『惡靈』（河出書房、一九四二年）は、「殺さるも痕は得わかじ。我ら遂に踏みぞ迷ひぬ、いかがせん？　こは惡靈の我らを曠野《あらの》に導きて、四面八面《よもやも》に引き廻すらし」。

金子幸彦訳の『プーシキン詩集』（岩波文庫、一九五三年）は、「道はとぎれて、なんとも、そりのあとも見えませぬ。どうやらわしらは道にまよったようだ。はて、なんといたしましょう。魔物がわしらにとりついて、ひきまわしているものと見えまする」。

原文のイメージは、どちらなのだろう？　江川卓訳の『悪霊』（新潮社、一九七九年）は、両者の中間である。

## 引用句辞典——手助けの手助け

引用する材料は、読書で獲得するしかない。独創的な仕事をした人の多くが、きわめて該博な知識をもっていた。サミュエルソンが書いた『経済学』という教科書を読むと、例や引用の豊富さと適切さに驚く。

引用それ自身が用心棒であり手助けなのだが、「用心棒がどこにいるかわからない」という場合も多い。そうした場合の手助けのために、「適切な引用をどう探すか？」という奥の手を、こっそり紹介しよう。これは、「あまり公開したくないノウハウ」の一つである。

英語には、かなりの数の「引用句辞典」があり、古今東西の賢人たちが語った言葉が載っている。こうした辞典が多いのは、スピーチの機会が多く、そこで気の利いたことを喋りたいという需要が多いからだろう。明日結婚式でスピーチをしなければならないといった場合に、こっそり参照するわけだ（そして、つぎのように言う。「サミュエル・ジョンソンは言っております。結婚には多くの苦痛が伴う。しかし、独身は何の喜びももたらさないと」）。

標準的なのは、Rhoda Thomas Tripp, *The International Thesaurus of Quotations*, Harper & Row（1970）であろう。* *Bartlett's Familiar Quotations* は、一九〇一年に出版された有名な引用集。現在では、コロンビア大学の電子図書館 PROJECT BARTLEBY の中にあるので、

簡単に使える。例えば、「love」と入力すると、一五〇ぐらいの文章を示してくれる。

斜《しゃ》に構えた辞典は、そのまま引用に使える。有名なのはビアースの『悪魔の辞典』だが、かなり棘《とげ》があるので、一般向きではないかもしれない。一九世紀フランスの小説家フロベールの『紋切型辞典』も、同じようなものである。ただし、ここに現れる風刺は、現代人には理解できないものが多い。この現代版で *The Left-Handed Dictionary* という非常に面白い辞典がある。** 日本語では、筒井康隆『乱調文学大辞典』（講談社文庫）がある。

もっとも、一般的にいうと、引用句辞典というものは、結婚式のスピーチ用にはよいが、それ以外の目的には、期待するほどは役に立たないものである。苦労せずに収穫だけをというわけにはなかなかいかないのだ。

* これ以外に、つぎのようなものがある。J. M. and M. J. Cohen, *Dictionary of Quotations*, Penguin, 1960. これは、作者別に引くようになっている（事項別でないので、やや不便）。The Merrian-Webster, *Dictionary of Quotations*, Merrian-Webster, 1992. これは、事項別になっていて、作者別は索引で引く。Margaret Miner and Hugh Rawson, *A Dictionary of Quotations from Shakespeare*, Signet Books, 1992. 事項別なので便利に使える。引用ごとに解説がついている。

** Leonard L. Levinson, *The Left-Handed Dictionary*, MacMillan Publishing Company, 1985 (Reprint Edition).

## インターネットの驚嘆すべき力

インターネットの検索機能を活用すると、かなりのことがわかる。右に述べた引用句辞典と同じことを、もっと広い範囲について調べられる。白状すると、「ローマの休日」の詩も、インターネットで検索して調べたのである。

どのようにしたかというと、"rose from a couch of snows" という部分を「全文一致」で検索した("Roman Holiday" で検索してもわからなくはない。しかし、これはあまりにポピュラーなキーワードなので、該当するサイトが多すぎて、目的に辿り着きにくい。なお、一般に固有名詞はキーワードとしては最強力だが、Aritheuso や Aquasaromian は、正確に聞き取れなかった。字幕翻訳者もさぞや苦労したことだろう。字幕では、Aritheuso が「アリアドネ」となっているが、これは、見当違いの誤訳である)。

この情報は、個人が作ったサイトの中にあった。ちなみに、少し前のシーンで王女が口ずさむ別の詩についての情報も得られた。この詩は、キーツでもシェリーでもなく、脚本家の創作だそうだ。

インターネットの本当のすごさは、こうした情報が入手できる点にある。とくに、「キーツにもシェリーにも、こうした詩はない」とわかることは驚異的だ。「ない」と断言できる人は、たぶん世界に数人しかいないだろう。いまや、そうした人々の教えを請うことが、簡単にできるのである（ただし、インターネットの個人サイトの情報は、間違っていることもある。だから、一〇〇パーセントは信用せず、他の情報源でチェックするのがよい）。

前に述べたエマーソンの文章の原典が『自然』であることを探し出すのに、四苦八苦した。十年くらい前のことだが、米国の書店で文学書の棚の前に座り込み（床にカーペットが敷いてあるので、座れる）、エマーソンの著作を片っ端から調べた。一時間以上調べたし、『自然』も見たのだが、結局見つけることができなかった。

## 第4章のまとめ

1　比喩を用いると、複雑な論理や抽象的な概念を、簡単にかつ印象的に説明することができる。人体は比喩に便利に使える。抽象概念に適切な命名をするのも、比喩の一種だ。

2　具体例を示すのも、わかりやすい説明に役立つ。数字を示すと、説得力が増す。大きな数字や小さな数字は、日常的感覚で把握できる数字に直して示す。

3　適切な引用によって自説を守ってもらうことができる。学術論文では、内容が独り善がりでないことを示すために不可欠。ただし、「キツネ文」や「出羽キツネ文」に陥らないように注意しよう。

# 第5章　化粧する（1）——わかりにくい文章と闘う

この章では、「わかりにくい文章はなぜわかりにくいか」を明らかにし、「それをわかりやすくするには、どう直せばよいか」を考える。

1では、複文における主語と述語の関係を中心として、個別文のレベルにおける「わかりにくさ」の問題を取り上げる。2で考えるのは、文と文のつながりである。3では、文章全体の構成の問題を取り上げる。

## 1 個別文のレベル——複文問題など

**主述泣き別れシンドローム**

つぎの文を読んでいただきたい。

> (Ⅰ) 私の友人が昨年大変苦労して書いた本は、パソコンが普及し始めた頃には、異なるアプリケーションソフトが共通のＯＳで動くようになっていなかったため、データを交換することができず、非常に不便だったと述べている。

これは、わかりにくい文だ。一度読んだだけですっと頭に入ることはないだろう。「……本は」のつぎに、「パソコンが……」と別の主語が現れ、パソコンと本がどのように関連しているのかが、わからない。「パソコンが」以下も、ごたごたしている。

わかりにくくなる最大の理由は、この文が複文であることだ。

一般に、文は、主語、目的語、補語、述語などから構成される。一つの主語とそれに対応する述語（および、目的語、補語）しかない文を、「単文」という。完結している複数の単文を順に並べていったものを、「重文」という。これに対して、複数の単文が「入れ子式」になったものを、「複文」という。

記号的に表すと、重文は、

（主語1、述語1）、（主語2、述語2）、（主語3、述語3）

となったものであり、複文は、

主語1、（主語2、述語2）、（主語3、述語3）、述語1　や、

主語1、｛主語2、（主語3、述語3）、述語2｝、述語1

のような構造のものである。つまり、複文においては、主語、目的語、述語、修飾語などの各々（あるいは一部）が、文から構成されているわけだ（これらを「節」という）。

文例（I）では、「友人が……書いた」という文が「本」を修飾し、これが全体としての

主語になっている。しかし、その述語「述べている」が離れたところにあるので、読者は、「書いた本は」のところでペンディング状態になるわけだ。

これを、「主述泣き別れシンドローム」と呼ぶことにしよう。日本語は、欧米語と異なり、「主語、目的語、述語」の順に並ぶため、複文では主語と述語が隔たってしまうことが多い。つまり、「主述泣き別れシンドローム」が発生しやすいのだ（この点は、本節の最後でもう一度述べることとする）。

複文を構成する節の相互関係は、すぐには把握できないことが多い。文例（I）では、各節を構成する文の主語がすべて異なるので、読み手がさらに混乱する。このように、複文はわかりにくい。また、わかりにくい文の大部分は、複文である。

もっとも、複文であっても、頻繁に使われる表現なら、つぎに何が来るかを予想できるので、あまり大きな問題はない。例えば、「私が最も重要だと考えていることは、Aです」という文では、前半部分を読んだだけで、Aの位置に来るのは、書き手が重要と考えている内容であろうと、予想できる。

文例（I）も、「私の友人は、昨年大変苦労して書いた本の中で……」と始めれば、つぎに来るのは本の内容であろうと推察できるだろう。

## 主述ねじれシンドロームと主語述語失踪事件

言うまでもないことだが、主語と述語は対応していなければならない。しかし、書いているうちに考えが別のところに移動してしまって、主語に対応しない述語が現れることがある。つまり、主語と述語が「ねじれてしまう」（または、「よじれてしまう」）。長い文章や複文でなくとも、この事故が発生する。例えば、つぎのように。

> その理由は、日本語の文法が特殊だからだ。

正確には、「その理由は、日本語の文法が特殊なことだ」と言わなければならない。これを「主述ねじれシンドローム」と呼ぶことにしよう。

「ねじれシンドローム」の特殊形として、主語が消えることがある。これを、「主語失踪《しっそう》事件」と呼ぼう。例えば、

> 私はこの部分が本書の最重要箇所だと思っているのだが、わかりにくい。

において「わかりにくい」の主語は、「この部分は」（あるいは、「ここは」）であるはずだ。

これは最初の文の節中文の主語として現れてはいるものの、正確には繰り返さなければならない。そうしないと、「私はわかりにくい」ことになってしまう。*

この例では主語は見当がつく。しかし、「友人が連れ去られるのを見ていた」となると、「見ていた」の主語が友人なのか、あるいは、（明示されていない）「私」なのかがわからない。述語が消えてしまうこともある。例えば、

> 私の友人が昨年大変苦労して書いた本は、パソコンが普及し始めた頃には異なるアプリケーションソフトが共通のOSで動くようになっていなかったためデータを交換することができず、非常に不便だった。

ここでは、述語が失踪している。書き手は、書いている間に主語が何であったかを忘れてしまったのだ。**

先に述べた「主述泣き別れシンドローム」の場合には、丹念に捜索すれば述語を見出すことができる。しかし、「主述ねじれシンドローム」、「主語失踪事件」、「述語失踪事件」となると、どこを探しても正しい主語や述語を発見することはできない。日本語は主語を明示しないことが多いので、こうした事件が頻発する。

主語が示されたあと述語が現れないと、読者のストレスが高じる。そして、文章がねじれると、読者の頭の中もねじれる。私の観察では、文章が読みにくい原因の八割程度は、「泣き別れシンドローム」と「ねじれシンドローム」にある。逆に言えば、これらの症状に対処すれば、文章は格段と読みやすくなるはずだ。

＊この文は重文なので、最初の文とあとの文の主語が異なることが禁止されているわけではない。そして、あとの文の主語を省略したのだと考えれば、絶対に間違いだとはいえない。しかし、明示せずに主語を変更したのは事実であり、適切な書き方とはいえない。

＊＊原因はそれだけではない。「不便だった」の主語は、あえて言えば「利用することが」、あるいは「使用することが」、あるいは「その当時のパソコンは」であろうが、日本語ではこうした場合に、主語を意識しないことが多い。「暑い、暑い」、「いま五時だ」などの場合にもそうである。英語では、律儀に it と言うが、it とはいったい何を指しているのかと聞きたくなる。

**どうすればよいか？（その１）複文を分解し、主語を二個以内に**

「泣き別れシンドローム」や「ねじれシンドローム」に対処する最も直接的な方法は、複数の単文、または構造がより単純な複文に分解することだ。そして、一つの文中の主語が三個以上にはならないようにする。

つぎの（II）は、（I）を三つの文に分解したものだ（さらに、余計な記述を削除している）。

（II）パソコンが誕生して間もない頃には、異なるアプリケーションソフトの間でデータを交換できなかった。このため、非常に不便だった。私の友人は、著書の中でそう強調している。

（I）よりはずっと読みやすい。読みやすさのためには、単文にまで分解するのがよい。すなわち、一つの文章内での主語を一個に限定する。ただし、単文主義を押し通すと、小学生の作文のようになってしまう。そこで、もう少し工夫をする必要がある。

つぎのように「　」で括るのが、一つの方法だろう。私はこの方法を多用するが、一般にはあまり好まれない。

（III）私の友人が書いた本が強調するのは、「パソコンが誕生して間もない頃には、異なるアプリケーションソフトの間でデータを交換することができず、非常に不便だったこと」である。

英語では、that を用いてこの問題を処理できる。それを真似て、つぎのように書くこともできる。

（Ⅳ）私の友人が書いた本は、つぎの点を強調する。すなわち、パソコンが誕生して間もない頃には、異なるアプリケーションソフト間でデータを交換することができず、非常に不便であった。

ただし、若干ぎこちない（「すなわち」という言葉が大げさだからだ）。それに、that の内容が長い場合には、どこまでが「すなわち」に含まれるのかが、曖昧になる。

つぎのような表現法も可能である。

（Ⅴ）パソコンが誕生して間もない頃には異なるアプリケーションソフト間でデータを交換することができず非常に不便であったと、私の友人は著書の中で強調している。

この方法では、「強調している」内容を、前に出している。ただし、この例の場合には、内容紹介がかなり長くなってしまうので、読みにくい（一体であることを示すために、読点で区切れないからである)。しかし、もっと短い場合には、この方法が有効なことが多い。

**どうすればよいか?**(その2)**漢語を用いて簡潔表現に**

漢語表現を用いて、「節」(主語、述語の組合せで文となっている連語。英語では clause)であったものを、「句」(文をなさぬ連語。英語では phrase)に変えることができる。つぎのように。

(VI) 私の友人の著作の強調点は、パソコンの普及の初期段階で、異なるアプリケーションソフト間のデータの交換可能性がなかったことだ。

「……であること」「……すること」などは、この方法で簡潔化できる場合が多い。

この方法を使うときの問題は、「パソコンの普及の初期段階」のように、「の」が続いてしまうことだ。二個までは許容されるが、三個以上は避けるべきだろう。

この問題は、単に「の」を省いて、「パソコン普及の初期段階」あるいは「パソコンの普及初期段階」とすることで対処できる。「異なるアプリケーションソフト間のデータの交換可能性」も、「異なるアプリケーションソフト間のデータ交換可能性」とできる。「の」を省いた二語が、意味の上で最初につながっている。

しかし、「私の友人の著作の」では、「の」を省けない。この場合は、「私の」を省いて、「友人の著作の」にするのがよいだろう（私の友人であることが、文脈から自明である場合が多いため）。

## どうすればよいか？（その3）余計なものはすべて削る

右で述べた「私の」は、余計なものである。余計なものは省くほうが読みやすくなる。文例（I）の「昨年大変苦労して」も、余計だ。「異なるアプリケーションソフトが共通のOSで動くようになっていなかったため」も不要であろう。主張したいのは「交換できなかったから不便だった」という点である。「異なるアプリケーション……」は、交換できなかった理由を示しているのだが、それがなくても主張は成立する。

主張を正当化するためにどうしても必要なもの以外は、すべて削るべきだ。文例（I）が読みにくいのは、余計な記述が多いからでもある。余計な記述があると、読者の注意が横にそれてしまい、全体としての意味を捉えにくくなる。

多くの文章読本は、「削って削って、削りまくれ」と述べている。このアドバイスは、多くの場合に正しい。削りまくった結果何も残らないとしたら、「メッセージ」がない証拠である。

ただし、人間の本性として、一度書いたものは惜しくて捨てられない。それに、何らかの事情が後で生じて、必要になるかもしれない。だから、残しておきたい。原稿用紙の場合は、清書すると削除した部分はなくなってしまうが、パソコンで書いている場合は、どこかに残しておくことができる。このため、どんどん削除することができる（これに関しては、第7章でも述べる）。

## 修飾語と被修飾語の関係がはっきりしない

文章が読みにくくなる原因は、主語述語の関連問題以外にもある。しばしば生じる問題は、修飾語の対象が捉えにくいことだ。これも、複文の場合によく起こる問題だ。ただし、複文でなくとも起こる。

つぎの表現は、八つの異なる意味に解釈できる。*

「黒い目のきれいな女の子」

このように修飾語が多数ある場合には、つぎの原則に従うべきだ。

（1）修飾語は被修飾語の直前におく。
（2）長い修飾語を前に出す。
（3）必要に応じて句を読点（、）で区切る。

原則（1）によれば、「黒い」は、「目」にかかるものと解釈される。もし著者の意図が「子」を修飾したいのだとすれば、「黒い」と「子」を例文のように離すべきではなく、「目のきれいな黒い女の子」とすべきだろう。この書き方は、原則（2）にも従っている（ただし、「女の子」なのか「黒い女」なのかは、依然としてわからない）。あるいは、原則（3）に従って、「黒い、目のきれいな女の子」とすべきである（この書き方でも、「女の子」なのか「目のきれいな女」なのかはわからない）。

なお、原則（3）は、しばしば非常に重要である。例えば、（A）「例文のように、離すべきではない」と、（B）「例文のように離すべきではない」とは意味が違う。念をいれるなら、（B）は「例文のように離すべきでは、ない」だが、こう書くよりは、「例文のように離すことは、避けるべきだ」のようにするのがよい。

＊　この例は、木下是雄『理科系の作文技術』（前掲）による。

### 日本語の宿命

以上で述べた問題が生じるのは、多分に日本語の宿命である。最大の原因は、述語が目的語や補語の後に来ることだ。このため、複文の場合、文全体を読んでもう一度読み直さないと、意味を取れないことが多い。

日本語の文章構造におけるもう一つの問題は、肯定か否定かが最後までわからないことだ。「……である」なのか「……でない」なのか。「せよ」なのか「するな」なのか。読み手や聞き手は、最後までペンディング状態に置かれる（このため、「日本語は戦場での命令用語としては致命的な欠陥を抱えている」という議論が、第二次大戦中に行なわれたことさえある）。

欧米語は主語の直後に述語がくるから、この問題が生じない。極端な例を示すと、

I know that you know that he knows that she knows . . .

という「多重入れ子式文」でさえ、意味が取れなくはない。しかし、これと同じことを日本語で書こうとすると、

「私は、あなたが、彼が、彼女が……」

となって、何のことやらわからなくなる。

欧米語のもう一つの長所は、修飾語が長くなったとき、関係代名詞を用いて節にできることだ。文例（I）は、

The book that my friend wrote last year emphasizes that . . .

と書ける。先に述べた（IV）式の書き方が、簡単にできてしまう（もっとも、関係代名詞を多用するのは避けるべきだとされる）。

そして、欧米語の副詞は動詞の後に来る。フランス語では、一部の例外を除いて形容詞も

**読めますか？**

It's not that that is that difficult.
というような言い方は、英語ではごく普通だ。もう少し複雑なのでは、つぎがある。
（1）That that that is that that is that that that is that that and not that that that is not that that.

ダニエル・キースの *Flowers for Algernon* には、つぎの文がある（1つの文ではないが）。
（2）That that is is that that is not is not is that it it is.

ここまでできた人は、つぎに挑戦してみよう（文法の授業の描写。これは2つの文）。
（3）John while Jim had had had had had had had had had had had a better effect on the teacher.

上の（2）をもっと複雑にすると、
（4）That that is is that that is not is not that that is is not that that is not that that is not is not that that is is that not it it is.

（答え）
（1）That that "that" is that "that" is that that "that" is that "that", and not that that "that" is not that "that".
（2）That that is, is. That that is not, is not. Is that it? It is.
（3）John, while Jim had had "had", had had "had had". "Had had" had had a better effect on the teacher.
（4）前半は（2）と同じ。後半はその否定形。　□

名詞のあとに来る。主要な部分を目立たせることができるという意味で、これらは優れた構造だ。また、フランス語やドイツ語では、格変化によって、動詞との関係を明確にできる（ただし、ドイツ語は、節においては動詞が最後に来る。つまり、日本語と同じ構造になる。このために、読みにくい）。

さらに、主語が単数か複数かで動詞が変化するから、主語と述語の関係を捉えやすい。総じていえば、フランス語、英語、ドイツ語の順で優れた文構造と言えるだろう。

こうしたことを考えると、残念ながら、日本語は文の構造面で深刻な問題を抱えていると言わざるをえない。もっとも「日本語は非論理的だ。駄目な言語だ」とは、終戦直後に進歩的文化人が言っていたことだ。同じことをいま繰り返したところで、何の利益もない。

日本語表記法を改革して、つぎのような書き方ができないものだろうか。これは、（ ）の用途拡大を認め、また、：記号の使用を認めるものである。

（Ⅶ）私の友人が（昨年大変苦労して）書いた本は、強調している：パソコンの初期の段階では、異なるソフト間のデータ互換が難しかった。

ただし、言葉の改造は、現実には難しい。これまで述べたような工夫を重ねるしか、方法はないだろう。

## 2　文脈のレベル——文と文のつながりを明瞭にする

### 言語明瞭、意味不明瞭

個々の文の意味はわかるのだが、文と文がどのような論理関係でつながっているのかがわからない場合も多い。

突然別の話題が出て来て、前の記述とどうつながっているのかわからない。いくら読み進んでも、何を主張したいのかがわからない。読み進むほどに頭が混乱し、いらだってくる。

「言語明瞭、意味不明瞭」というものの大部分は、これであろう。

これは日本語という言語の宿命ではない。実際、単文主義を貫徹したところで、なくならない。「意味不明瞭問題」が発生する原因は、著者の頭が混乱していることだ。[*] 具体的には、つぎのとおりである。

（1）思いつくままに書いているので、論理関係が整理されていなかったり、曖昧であったりする。前提が明示されておらず、そのため、結論はある特殊な場合にしか成り立たないものであったりする。ひどい場合には、著者自身が、論理関係を正確に把握していない。

(2)前提や論理のつながりが本人にとっては自明なので、省略してしまう。このため、論理が飛躍する。読み手の立場からすると、なぜ結論が導かれるのかが、わからない。

(3)批判されるのが恐ろしいので、言い訳をする。あるいは、些細なことばかり強調する。このため、主張点がどこにあるのかがわからない。

著者は、まずもって主張の論理構造を明確に把握し、それを明快な文章で示してほしい。

＊あるいは、著者はきわめて頭脳明晰であり、5で述べるような悪文を意識的に書こうとしているのである。

**どうすればよいか？(その1)文と文の関係を接続詞で示す**

文と文との論理的な関係は、つぎのような接続詞を用いて、明瞭に示すべきだ。

◆論理を進める場合——したがって、だから、このため、それゆえ、ゆえに、かかるがゆえに、結局。

◆根拠を示す場合——なぜなら、その理由は、というのは。

◆論理を反転する場合——しかし、それにもかかわらず、だが、ところが、ただし、けれども、他方で。

◆話題を深める場合——実際、事実、そういえば、よく考えれば、さらに、たしかに。

◆同列の記述をする場合——つまり、換言すれば、言い換えれば。
◆話題を転じる場合——ところで、さて、一方、他方で、なお、では。

谷崎潤一郎は、『文章読本』の中で、こうした接続詞の使用は控えるべきだとしている。* 同様の主張をする人は、他にも多い。** 文学では、たしかにそうだろう。しかし、論述文ではむしろ多用するほうがよいというのが、私の考えだ。

　書き手自身が文と文との論理関係を明確に意識していない場合には、右に述べた接続詞で文をつなごうとすることによって、初めて論理関係を意識することもあるだろう。

　なお、パラグラフの中で論理を反転する接続詞が現れるのは、望ましくない。これらの接続詞は、パラグラフの先頭に来るのがよい。

＊「叙述を理詰めに運ぼうとする結果、句と句の間、センテンスとセンテンスの間が意味の上で繋がっていないと承知ができない。（中略）ですから、『しかし』とか、『だが』とか、『そうして』とか、『にも拘らず』とか、『そのために』とか、『そう云うわけで』とか云うような無駄な穴塡《あなう》めの言葉が多くなり、それだけ重厚味が減殺されるのであります」谷崎潤一郎『文章読本』（前掲）。

＊＊ 三島由紀夫は、つぎのように言う。「『さて』とか『ところで』とか『実は』（中略）を節の始めに使った文章は、（中略）如何にも説話的な親しみを増しますが、文章の格調を失わせます」。ちなみに、三島のこの文は、「主語述語失踪事件」の典型的な見本になっている。

## どうすればよいか？（その2）代名詞を避ける、名前をつける

「これは」「それは」では、何を指しているかわからないときもある。とくに、指示されているものが離れた場所にある場合には、誤解が生じる。

若干うるさくなるが、元の言葉を繰り返すほうがよい。少なくとも、別のパラグラフの場合にはそうだ。確実に伝えたい場合には、同一パラグラフ中で直後に来る文であっても、繰り返すべきだろう。

接続詞と同じように、こうした書き方は、文学では嫌われる。しかし、論述文ではむしろ必要なことだ。

離れた箇所を引用する場合には、内容を繰り返さなければならない。しかし、何度も繰り返すとうるさくなる。そこで、主要な概念や主張には、名前をつけておくのがよい（この章でつけた「主述泣き別れシンドローム」のように）。こうしておけば、少なくとも同じ章の中では、いちいち内容を繰り返さなくてもすむ。

なお、この場合の命名は、後での引用を容易にするためなので、必ずしも印象的な名前でなくともよい。ただし、第一種問題、第二種問題など、数字を用いる命名は避けるべきだ（内容がただちにわからないから。私は、統計的検定論における「第一種過誤」と「第二種過誤」

をいまだに混同する）。

## 3　文章のまとまり相互間の関係

### 結論と理由の順序

2で述べたのは、個々の文をどのように続けたらよいかという問題だ。類似の問題は、文のまとまり相互間においても発生する。

しばしば問題となるのは、結論が先か、理由が先かである。

数学の場合には、定型的な書き方がある。主張を「定理」として示し、つぎに、その「証明」を行なう。そして、定理の後に、その意味を説明したり具体的な応用法を示すために、「数値例」をあげる。*

つまり、

（1）主張
（2）理由
（3）例示

の順になるわけだ。

一般の論述の場合には、これを定型どおりにやると、堅苦しくなるかもしれない。ただし、論述の基本形はここにあることを意識すべきだ。

なお、数学の定理は（それが正しいものであれば）反論されることはありえないが、それほど厳密でない主張に対しては、反論があるかもしれない。その場合には、右に続けて、

（4）予想される反論の紹介

（5）それへの反論（主張の再確認）

を加える。

＊なお、数学では、いくつかの命題の叙述も一定の順に従う。すなわち、主要な主張は、「定理」として示すが、それを導くための補助的な命題は、「補題（レンマ）」として、定理の前に述べる。そして、定理から簡単に導かれる命題を、「系（コロラリ）」として、定理の後に示す。

## 一般から具体か、その逆か？

数学の「定理」は一般的な命題であり、数値例はその具体例である。つまり、叙述の順は「一般的な命題から、具体的・特殊な命題へ」となっているわけだ。

論述文では、論理構造が厳密でない場合にも、一般的な命題をまず述べ、つぎに具体例を示すことが多い。例えば、つぎのように。

（Ⅷ）複文では、主語と述語が離れることが多いので、意味をとりにくい。例えば、つぎの文章のように。

しかし、論理的にそれほど厳密でない主張を述べる場合には、いくつかの具体事例をまずあげ、その後で、「このように」とか、「これらの例からわかるように」などとして一般命題を示すほうがわかりやすい場合もある。これは、発見的な書き方、あるいは（演繹《えんえき》に対して）帰納的な書き方である。この章の１の最初では、このような書き方をした。

（Ⅷ）のような書き方だと、いきなり「複文」という概念が現れる。しかし、複文とは何かを知らない読者も多い。そこで、事前に「複文」の意味を解説する必要がある。しかし、そうすると、読者は、この論述のテーマは複文の解説だと誤解する可能性もある。数学では最初に概念の定義を行なうのだが、通常の論述文でこれを行なうと堅苦しくなる。脚注をつけて「複文」の説明をすることも考えられるが、やはりわかりにくい。１の最初で「具体例から一般命題へ」の書き方をしたのは、こうした事情を考慮したからだ。

ただし、具体例が長々と続くと、どのような結論にいたるのかが、明確にならないときもある。一般命題が現れるまで、読者はペンディング状態に置かれる。

一般命題と具体例のどちらを先にするのがよいかは、いちがいには決められない。場合に応じてわかりやすい順序を選ぶしかない。

### どうすればよいか？（その1）最初に見取り図を示す

第3章で、論述文は「序論・本論・結論」の三部構成にするのがよいと述べた。

しかし、序論が長々と続くと、全体として何を言いたいのかが、読者に伝わりにくい。苦労して獲得した命題の場合、それを発見した経緯を、どうしても書きたくなる。だが、読者の立場からいうと、知りたいのは結論である。

序論で言うべきことは、発見の経緯というよりは、むしろ全体としての見取り図である。多くの場合に、まず最初に結論を示し、なぜその問題が重要なのか、なぜその結論が導かれるのかを、そのあとで説明するのがよい。

これは、講義をする場合にも必要なことだ。ひたすら数式を展開してゆくだけだと、全体がどうなっているのかわからない。私は、結論の概略とそれを考える意味を、数式展開の前に述べるようにしている。

### どうすればよいか？（その2）箇条書きで示す

並列する内容であることを示すには、箇条書きにするのが一番わかりやすい。例えば、「この原因としては四つのものがある」ということを示すには、四項目の箇条書きにする。もっとも、文学的志向の強い人は、こうした書き方を嫌う。無味乾燥で実務的すぎるというわけだ。たしかに、箇条書きの連続では、そうした印象を与えかねない。このような読者を相手にするときは、「第一は、第二は」として文章に埋め込むほうがよい。この書き方で問題となるのは、並列が終わる箇所の示し方だ。改行すればわかる場合が多いが、わかりにくい場合には、次ページに示す□記号を使うことも考えられる。

昔の法律の本には、第一巻第一部第一編第一章第一節第一款第一項というような書き方のものが多かった。ドイツ人はいまでも論文の場合にこうした書き方をする。たぶん、これを真似たものなのだろう。たしかに論述のレベルを示すにはよい。しかし、鎖でぐるぐる巻かれたような気持ちになって、息苦しい。

## どうすればよいか？（その3）脱線や注記は明示する

注、付言、付記などの脱線は、脚注にするのが一番よい。こうしたものが本文中に混在していると、全体としての論理の流れや主張点が見えにくくなる。

脱線部分が短ければ、（　）で括って本文中においてもよい。私は、しばしばこの方法を用いる。ただし、エッセイのような文章の場合には、嫌われる。

そこで、最低限、わき道にそれることを、接続詞で示すべきだ。この目的のために使いうる接続詞としては、「ところで」「なお」などがある。「話題がそれるが」「本題とは別のことだが」「この機会に付言すれば」「余談だが」などによって示すこともできる。

難しいのは、この部分が終わったことをどう示すかだ。戻るところで「主題に戻れば」と示すのが、最も直接的な方法である。

数学の教科書では、定理の証明が終わったところを□という記号で示し、つぎに続く本文と区別する（昔は、「証明終わり」を示すのにQEDと書いたが、□のほうがスマートだ）。通常の文章ではあまり見かけない記号だが、論理的な内容の文章の場合には、切れ目をはっきりさせるために使ってもよいだろう。本書では、コラムの末尾に用いた。これは、コラムが終了したこと（次ページに続いてはいないこと）を明確にするためである。

なお、参考文献や引用元を示す場合、本文中に埋め込むと読みにくくなる。これらは、脚注にするか、あるいは、本書で行なっているように、＊マークを用いて節あるいは小節の後に示すのがよい。本格的な論文では、巻末に参考文献目録をおき、本文中では、野口（二〇〇二）のように示す（数字は、文献の刊行年）。

# 4 「わかりにくさ」の一般理論

## 部分と全体の関係がはっきりしない

私は、学位請求論文や課題論文、懸賞応募論文などを読む機会が多い。これらの多くは、「じつにわかりにくい文章」なので、直すことが頻繁にある。だから、「わかりにくい文章がなぜわかりにくいか」「それをどう直せばよいか」を、他の人よりはよく知っている。この章では、そうした経験を通じて得たノウハウを示した。

ただし、ここで論じたことは、私自身が文章を書くときにも、ほとんどつねに悩んでいる問題だ。しかも、深刻に悩んでいる。その対処に「日夜奮闘している」と言っても過言でない。「ノウハウを示した」と大見得を切ったものの、決して簡単に解決がつく問題ではない。そこで、以上で述べたことを一般的な観点からまとめてみることにしよう。

わかりにくい文章の具体的症状はさまざまだが、それらの多くに共通する要素がある。それは、「部分と全体との関係が明瞭でない」ことだ。具体的には、つぎのとおりである。

（1）一つの文の中で、各部分（節や句、あるいは主語と述語）がどのようにつながっているのかが、明瞭でない。

(2) 文と文とがどのようにつながっているのかが、明瞭でない。
(3) 文章のまとまり相互間の関係が明瞭でない。

目指すべき最終目的は、「文章を任意の箇所(一つの文の途中を含む)で切ったとき、そこまでの記述だけで、そこまでの意味がわかること」である。* 「それ以降に続く論述内容がおよそ予想できる」なら、もっとよい。つまり、「ある範囲を読んでから振り返って初めて全体の意味がわかる」ようであってはならない。

この問題への対処が難しいのは、文章は一次元構造だからである。しかし、論理は通常立体構造をしている(場合によっては、四次元以上になっている)。多次元のものを一次元で表現するのは、至難のわざなのである。

多次元構造を示すには、図を使うなどの方法もある。しかし、この章では、これに頼らず、あくまでも一次元に制約された文章の範囲内で、どのように克服できるかを論じた。

「文章が一次元」と痛感したのは、しばらく前に、「アウトライン・プロセッサ」を使ったときのことだ。これは、文章のレベルを明らかにしながら書き進むことができるワープロである。たとえば、「章」というレベルを選択すると、第1章から最終章までが表示される。第2章を選んで「節」を選択すると、第2章の節がすべて示される。

一見すると、立体的な論理構造が明確になるので、論文執筆の場合には便利なような気がするのだが、実際にはあまり普及しなかった（私もしばらく使っただけでやめにした）。文章は本質的に一次元であり、アウトライン・プロセッサで表示すると、かえって書きにくくなる（人間の思考が、一次元にしか進まないためかもしれない）。文章の全体構造を把握するには、アウトライン・プロセッサより、スクロール速度の速いエディタのほうが便利だ。

なお、第4章で述べた「比喩」は、複雑な論理構造を示すのに大変強力な方法だ。適切な比喩によって一撃で仕とめられれば、ここで述べた問題のかなりの部分は解消される。

＊　これは、木下是雄氏が、名著『理科系の作文技術』の5で、レゲットの言葉として述べていることだ。

なお、この章で述べたこと全体が、『理科系の作文技術』の5で述べられていることと関連している。私はここが『理科系の作文技術』の最重要の箇所と思っているのだが、この箇所はわかりにくい（「逆茂木《さかもぎ》構造」という喩えもわかりにくい）。木下先生も、この問題にはてこずっている。

## 口頭伝達ではもっと難しい

文章なら読み返すことができる。しかし、口頭伝達では、それができない。このため、聞き手は全体の構造を把握できないことが多い。

対話の場合には、聞き手はわからないところで質問できる。しかし、講義や講演では、質問しづらい。したがって話し手としては、「部分と全体との関係」をつねに明確に示すことが必要だ。

アメリカ人は、このための工夫をかなり念入りにやっている。政治家がスピーチするときには、とくにそうだ。I have three points. Number one,. . . Number two,. . . Number three,. . . というような話し方をする。演説のようなあらたまった場合だけでなく、日常会話でも用いている。これは、口語における箇条書き方式と言えるだろう。

私は、講演の際には、全体の概要を示すレジメを配ることにしている。そして、話の途中で、現在どこにいるかを注意する。ある部分が終わったら、その要旨を繰り返し述べ、つぎに話がどのように発展するかを予告する。

講演やプレゼンテーションで、パワーポイントを使う人が増えてきた。しかし、スクリーンに複雑な統計資料などを示されても、聴き手は当惑するだけである。もっと重要なのは、全体の目次だ。それを話の途中で随時見せるほうがよい（この程度の情報を示すには、パワーポイントを使う必要はなく、紙を一枚配れば十分である。聴衆が随時参照できる点では、このほうが便利だ）。

**ながながしき Number one**

　ある通訳の人に聞いた話だが、講演するときに、I have three points 方式をよく使う有名な米国の経済学者がいる。ところが、Number one といったあと、その話が延々と続く。話しているうちに熱が入って、つぎからつぎへと発展してしまうのだ。Number two がいつになったら出てくるのかとやきもきしているうちに、話は別のことになってしまった。どうやら、three points と予告したことを忘れてしまったらしい。

　誤訳をしたのではないかと疑われるのが困ると、こぼしていた。□

**選択して集中せよ**

　一般に、「あれもこれも」と網羅しようとすると、論旨も主張もはっきりしなくなる。重要なものが何かを見出し、それに集中すべきである。これは文章に限ったことではないが、文章執筆ではとくに重要なことだ。

　「これ以外の場合もあることを忘れている」「最新の理論展開を無視している」などという意地悪批評が気になるので、「知っているよ」と言いたくなる。専門家の日を意識すると、どうしてもそうなる。しかし、そうした考えは捨てるべきだ。

　枝葉をとり、幹を見せることが必要だ。1において、個別文をわかりやすくする注意として、「余計なものはすべて削れ」と述べた。同じことが、論述全体についても当てはまる。伝えたい主要テーマ（第1章で述べた「メッセージ」）をつねに意識し、それを間違いなく、そして印象的に伝えることに専念する。

この章でも、「わかりにくい文章の症状」をすべて網羅したわけではない。そのうち、重要なものだけを書いた。

世界は複雑であり、人間の持ち時間は少ない。「この世にはいろいろなことがある」と言われても、どうしようもない。すべてをカバーしようとする人は、結局何もカバーできない。「選択と集中」こそ重要である。

なお、パソコンで文章を書けるようになって、この章で述べた問題への対処は、以前より容易にできるようになった。個々の文の修正も、文の移動・入れ替えも、簡単にできるようになったからである。そして、何度も読み返して、何度でも書き直せる。「何度でも書き直せるため、わかりやすい文章を書けるようになった」とは、パソコンの登場によってもたらされた最大の利点の一つだ。この利点を最大限に活用しよう（もう一つの利点は、「とりあえず始められること」である。これについては、第7章で述べる）。

## 論理関係を正確に

わかりやすい文章を書く大前提は、まず何よりも、著者自身が内容をよく理解していることとである。これは、当然のことだ。しかし、実際には、そうでもない。学生の論文では、つぎのような問題が頻繁に生じる。

（１）問題が何であるかを適切に捉えていない。

（２）議論の前提が明らかでない。結論が明確でない。

（３）前提から結論にいたる論理的な筋道が曖昧であったり、論理の飛躍がある。

これは、著者が内容をよく理解していないことの反映だ。書いている当人がわかっていないことを読者にわからせようとしても、土台無理である。

「内容をよく理解する」うえで一番重要なのは、論理関係を明確に把握することだ。例えば、つぎの問題を考えてみよう。

「主語と述語が離れている文はわかりにくい」と述べた。では、主語と述語が近くにあれば、わかりやすい文になるか？　そんなことはない。主語と述語がねじれていてもわかりにくいし、修飾語と被修飾語の関係がはっきりしなくてもわかりにくい。これに対して、わかりやすい文では、主語と述語は離れていない。

これは、「元の命題が真であるとき、裏命題は必ずしも真でない」「元の命題が真であるとき、対偶命題は必ず真である」という論理法則からただちに導かれることだ。いまの例では、元の命題——主語と述語が離れている文は、わかりにくい。

逆命題——わかりにくい文は、主語と述語が離れている。
対偶命題——わかりやすい文は、主語と述語が近くにある。
裏命題（対偶命題の逆命題）——主語と述語が近くにある文は、わかりやすい。
となっている。

この論理法則は、形式論理学の基本であり、誰でも知っているはずだが、つい間違える。書いているうちにうっかり間違えることもあるので、注意が必要だ（なお、以上のことは、図を使えば、図5-1のように、簡単に示せる。「主語と述語が離れている文の集合」は、「わかりにくい文の集合」の部分集合になっている）。

この論理法則を無視した批判を受けることも、しばしばある。「主語と述語が離れている文は、わかりにくい」と主張したにもかかわらず、「主語と述語を近づけさえすれば、わかりやすくなるというのか！」と批判される。

経済問題の論議では、この類の批判が非常に多い。「日本経済活性化のためには、企業構造を変える必要がある」と主張すると、「企業構造を変えるだけで日本経済が活性化するとでもいうのか！」という批判が起こる。「きちんと読んでください。形式論理学の基本法則を、どうか忘れないでください」としか答えようがない。

# 5　わかりにくい文章の書き方

## 正確であり、しかもわかりにくい文章

この節の表題は、誤植ではない。わかりにくい文章を書かねばならぬ場合も、この世には存在する。言い訳をしたい場合、責任回避をしたい場合、あるいは、将来の方向づけに関して明確なコミットメントをしたくない場合などである。役人が書く文章の八割以上は、これに該当する。国会答弁の原稿は、その典型である。

内容の貧弱さを暴露させないために、難解さの壁を築くことが必要とされる場合もある。こう考えている人は、学者に多い。同僚学者諸氏にも「難解さこそが重要」と考えている人が多いから、難解さを競いあうことになる（本当に優れた書き手の書いたものなら、相手に理解してもらおうという迫力に満ちているから、じつに素直に頭に入る）。

わかりにくい文章を書くには、これまで述べた注意をひっくり返せばよい。ただし、すべてではない。主

図5-1　わかりにくい文章

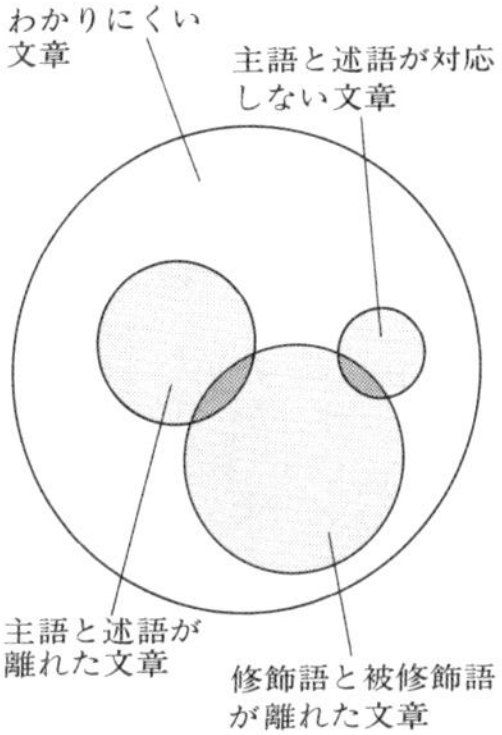

語と述語の対応などは、正しくなければならない。

わかりにくい文章とは、間違った文章のことではない。これは誤解が多い点なので、注意を要する。間違った文章を書くと、批判の対象となる。「正確であり、しかもわかりにくい」ことが必要だ。これができるかどうかで、悪文の専門家になれるかどうかが決まる。これまで述べた症状についていうと、「主述泣き別れシンドローム」は許される（むしろ推奨される）のに対して、「主述ねじれシンドローム」は許されない。前者は誤りではないのに対して、後者は誤りだからである。

一番効果的なのは、文のレベルでは複文を多用し、一度読んだだけではわからない複雑な構造の文にすることだ。また、修飾語と被修飾語の関係を曖昧にし、いかようにも解釈できる余地を残す。文脈のレベルでは「意味不明瞭」を目的とする。つまり、論理関係を不明瞭にするのである。多様な解釈が可能であれば、もっとよい。

わかりにくい文章を書くノウハウは、「悪魔の知恵」である。読む側としては、それに惑わされない必要がある。

**悪文の代表選手**（その1）**「三読不可解」文**

税法の条文の多くは、主語と述語の対応関係がすぐに読み取れない構造の複文になっている。非常に読みにくい。「一読難解、二読誤解、三読不可解」と言われるゆえんだ。例えば、つぎの文章を見よ。

法人税法、第三五条の二　内国法人が、各事業年度においてその使用人としての職務を有する役員に対し、当該職務に対する賞与を他の使用人に対する賞与の支給時期に支給する場合において、当該職務に対する賞与の額につき当該事業年度において損金経理をしたときは、その損金経理をした金額のうち当該職務に対する相当な賞与の額として政令で定める金額に達するまでの金額は、前項の規定にかかわらず、当該事業年度の所得の金額の計算上、損金の額に算入する。

なぜわかりにくいのか？　これまで指摘した多くの要素が入っているからだ。
（１）最初の「内国法人が、」がどこにつながるかが、ただちにはわからない。
（２）「したときは、」「金額は、」と似た表現が続くので、相互関係がわからなくなる。
（３）修飾語が近くにない。
この文は、法人税法の条文中では「たちがよい」ほうである。こうした文章を初めて読んだときにすっと頭に入るとしたら、その人は少しおかしいのではないかとさえ、私は思う。

つぎは、日本国憲法前文の一部である。

われらは、いづれの国家も、自国のことのみに専念して他国を無視してはならないのであつて、政治道徳の法則は、普遍的なものであり、この法則に従ふことは、自国の主権を維持し、他国と対等関係に立たうとする各国の責務であると信ずる。

1で「複文の問題点」として指摘したことが、ここに見事に現れている。まず、「われらは」と「いづれの国家も」と主語が二つ現れ、相互関係がわからない。わからないでいるうちに、「法則は」、「従ふことは」と、また主語が二つ現れる。文章の最初に主語を複数並置して読み手を眩惑《げんわく》させるというのは、どうやら法文作成家の常套手段であるようだ。

しかも、「政治道徳の法則は、普遍的なものであり」という文が、全体の中でどんな位置にあるのかがわからない（この文中に読点があるのもおかしい）。1で「主述泣き別れシンドロームが発生すると、読者はペンディング状態に置かれる」と書いた。この文章を読んでいると、それを実感できる。まさに「宙に浮いている」としか表現できない。

さらに、「政治道徳の法則」とはどのような内容のものかもわからない。「普遍的なもの」とされているし、「従うのは責務」というのだから、相当重要な法則だろうとは察せられるが、「そんな法則は社会科で習わなかったなあ」という程度の感想しか思い浮かばない。そもそも、「政治と道徳」とはどう関連しているのだろうか。疑問は深まるばかりである。ところが、何と、この英語訳を読むと、意味がただちにわかってしまう（本当は英語訳でなく、「英語原文」だが）。

> We believe that no nation is responsible to itself alone, but that laws of political morality are universal; and that obedience to such laws is incumbent upon all nations who would sustain their own sovereignty and justify their sovereign relationship with other nations.

意味がすぐにわかる理由は、that と which、そして ; 記号が使われているからだ。

**悪文の代表選手**（その2）**逃げ水説明文**

パソコンやそのソフトの使い方の説明にも、わかりにくいものが多い。最大の理由は、文中に現れる専門用語の意味が定義されていなかったり、説明されていないことだ。

フォルダ、ショートカット、ログオン・プロセス、ローカル・バス、ファイル転送プロトコル等々の用語がつぎつぎに出てくる。用語解説ページもあるのだが、説明中に再びこうした言葉が出てくるので、どこまで追求してもわからない。こういうのを、「逃げ水説明文」ということができるだろう。

「書き込みアクセス権」のように、言葉の表面的な意味はわかるのだが、それをどう獲得するかが全然わからない場合もある。DAVプロトコル、WECプロトコル、IEEE 802.3標準などと言われると、かなりパソコンに習熟した人でも、すぐにはわからないだろう。

技術的な内容を誰にもわかるように説明するのは、もちろん容易ではない。しかも技術は急速に進歩する。パソコンやソフトの説明文をわかりやすくするのは、かなり難しい課題だ。

しかし、家庭用のテレビやビデオデッキには、「誰にもわかる」説明書がある。DVDプレイヤーのように比較的新しい機器にも、わかりやすい説明がある。やろうと思えばできないことではない。

最も重要なのは、「初心者にもわかるおおよその説明」と「特殊な問題に直面した場合の専門的説明」が別になっていないことだ。パソコンやソフトの使い方には、前者のタイプの説明がないことが多い。多くの人が「わからない」と言うのは、そのためだ。あらゆるケースを網羅していなくてもよいから、「とにかく最低限の機能が使え、そして無事に作業を終了させる」ための説明があって然るべきだろう。

前に示した例文（I）にも、この問題があった。「アプリケーションソフト」とか「OS」というように、必ずしもすべての読者が知っているわけではない用語を用いている。

## 真の悪文は羊の皮をかぶっている

「わかりにくい文章」を書かねばならないのは、責任やコミットメントを回避したいからだ。しかし、こうした場合に複文やカタカナ用語を多用すると、すぐに批判の対象となる。「わかりにくい文章にしたい」という意図が、みえみえになってしまうからだ。だから、これは「初級の悪文」である。

責任回避やコミットメント回避をしたい場合に効果的なのは、具体的な意味が不明な言葉を多用することだ。例えば、

「当社は、やさしさとしなやかさ、そして人間性尊重を究極の経営理念として追求します」

というように。あるいは、自明である命題を仰々しく言う。トートロジー（同義語反復）だからといって批判されることはない。

「抜本的税制改革の基本方針は、すべての企業や個人が二一世紀の経済環境の中で適切に経済活動が行なえる基本条件を整備し、もって日本経済発展の基盤を作ることにおかれなければならない」

というように。

こうした文章を一読したときは、なんとなくわかったような気になる。しかし、よくよく考えてみると、何を言っているのかわからない。プロの空き巣は、侵入したことがただちには判明しないように、部屋の様子を整えてから退出する。「外形標準では判別できないようにする」のが、本当の専門家の手口である。真に恐るべき狼は、羊の皮をかぶっているのだ。

## 第5章のまとめ

1　複文の場合、「主述泣き別れシンドローム」（主語と述語が離れてしまうため、関係をつけにくい）、「主述ねじれシンドローム」（主語と述語が対応しない）、「主語述語失踪事件」（主語や述語が消えてしまう）などが頻発する。これに対処する方法は、

（1）複文をより簡単な構造の文に分解し、一文中の主語を二個以内に限定する、

（2）漢語を用いて簡潔にする、

（3）余計なものはすべて削る、

ことだ。

2 修飾語と被修飾語の関係が不明確なことも、文を読みにくくする。

文と文のつながりが不明確なために、意味をとれないことも多い。

これに対処する方法は、

（1）接続詞で論理関係を明示する、

（2）代名詞の使用を避ける。多用する概念には名前をつける、ことだ。

3 主張点とその理由をはっきりさせ、また文章全体の構造を明確にする。このため、

（1）最初に見取り図で全体の構造を示す、

（2）箇条書きで示す、

（3）わき道にそれた箇所は脚注などで明示する。

4 文章がわかりにくくなるのは、各部分が全体とどのように関連しているかが摑みにくいからだ。

5 わかりにくい文章を書く必要に迫られる場合もある。真の悪文とは、正確であり、かつ全体の意味が漠然としているものである。

# 第6章　化粧する（2）——一〇〇回でも推敲する

文章を書き上げたら、最後の仕上げ（最後の化粧）として、以下で述べる諸事項についてチェックしよう。

なお、こうした点は、最初はあまり気にしないほうがよい。気にしていると、進まないからだ。作業の進め方には個人差があるだろうが、私は個々の表現の巧拙にはあまり気をつかわずに一応書き上げ、そのあとでチェックしている。「とにかく書いて、あとで直す」という書き方は、パソコンを使っている場合には、とくに有効だ（第7章を参照）。

言葉はかなり曖昧な表現手段である。だから、同一内容でも表現法はいくらでもある。数式は厳密だが、それでも表現法はいくつかある。文章の表現法に唯一絶対の正解というのはないのだから、あまり神経質にならないほうがよい。

## 1　まず形式をチェック

最初に形式的なチェックを行なおう。これらのなかには、機械的にできるものも多い。書いている途中では気づかないことが多いので、書き上げてからあと、項目ごとに点検する。以下をチェックリストとして使っていただきたい。

## タイトルは適切か？

まず、タイトルをチェックしよう。

「この頃考えていること」、「身辺雑記」、「雑感」、「こぼれ話」のようなタイトルだと、タイトルを見ただけでは内容がわからない。「無題」などは最悪である。

第3章で述べたように、タイトルは、読者に訴えるための最初の、しかも最も重要な手段だ。これは、どんな文章執筆者にも一度だけ与えられている特権である。何が書いてあるかわからないタイトルをつけるのは、その特権を放棄することに他ならない。

内容がわからないタイトルをつけるのは、「どうしても読んでもらいたい」という熱意が書き手にない証拠でもある。タイトルをいい加減な気持ちでつけているなら、内容もいい加減な気持ちで書いているに違いない。だから読む必要がない。読者にそう評価されても、しようがない。

第3章で紹介したキャベンディッシュの例（「地球の重さを測る」）を思い出していただきたい。きわめて重要な内容の学術論文でさえ、タイトルに腐心しているのである。

なお、タイトルは、多少は羊頭狗肉気味でもよい。「ちょっと引っかかる」くらいのタイトルが効果的な場合もある。

### 章・節・パラグラフが適切に分かれているか？

章や節が適切な長さで適切な数に分かれているだろうか？（第3章の1を参照）。

全体のタイトルだけでなく、章・節のタイトルや小見出しも、内容を適切に表すようなもの、あるいは読者の興味を惹くものにする。

節より下のレベルにはタイトルをつけない人が多いが、本書では、節の下のレベルの区切りに小見出しをつけている。タイトルは見開きに一つ程度はあるほうが読みやすい。

小説と違って、論述文の場合、読者は必ずしも全文を通読しない。拾い読みされることを想定すべきである。忙しい読者が拾い読みする際には、小見出しは重要なガイドとなる。

パラグラフは適切に分かれているだろうか？　日本人はパラグラフをあまり意識しない。しかし、長いパラグラフは、読みにくい。これについては、第3章の1で述べた。パラグラフの途中に一箇所切れ目を入れるだけで、格段と読みやすくなることがある。

他方、最初から最後まで、一文で一パラグラフになっている文章を見かける。これはあまりにひどい。「原稿料稼ぎの手抜き原稿」と非難されてもしようがない。

長いパラグラフが続いたあとに一文だけのパラグラフをおくと、目立たせることができる。強調したい箇所に活用しよう。

## 誤字・脱字を根絶せよ

誤字・脱字は、真面目に書いていない証拠と受け取られる。英語だとスペルチェッカーで自動的にチェックができるが、日本語にはこうしたものがない。ワープロの漢字変換が間違っている危険性は大きい。辞書を活用しよう。「保証と保障」、「遅れと後れ」、「差違と差異」、「直感的と直観的」など辞書だけで完全に判別できないものは、用語辞典を用いる。

人名の誤字がないように、細心の注意を払おう。とくに、ワープロを使っている場合にはそうである。ワープロの変換が正しいとは限らない。むしろ、最初の変換では違う字になる可能性が大きい（人名の誤字は、手書きの時代より増えた）。男性名の「お」（夫、男、雄）には、とくに注意しよう。

私は、私の名を間違えて書いている郵便物やメールには、真面目に対応しないことにしている。送り手は、誠実でないか、私を軽視しているか（あるいは両方か）だからである。宛名の誤字に平気な人と一緒に仕事をすれば、あとでこちらが被害を受ける可能性が強い。

## 読点は適切か？

読点「、」の打ち方が適切でない文章が多い。ある程度は趣味の問題でもある。しかし、意味が違ってしまうこともある。少なくとも、文意が正確に取れないときがある。

論理的にどうしても読点を打てないときもあるが、そうなるのは文の構成がおかしい場合が多い。複文の場合にこうなりやすい。小説などで、非常に長い範囲に句読点がないものもある。日本の古典には句読点がないので、その伝統を受け継いでいるのかもしれない。しかし、一般の文章では読みにくい。

英語の句読点はかなり豊富だ。:（コロン、「すなわち」などの意味で使う）と;（セミコロン、通常のコンマより大きな区切りに用いる）は、日本語にはない句読点だ。（,）（;）（:）（.）の順で区切る力が強い。日本語でも、これらを活用してもよいのではないだろうか。

ただし、こうした記号を嫌う人もいる。（　）、〈　〉、「　」、！、？などの記号もそうだ。あまりに多いとたしかにうるさいが、ここぞという箇所にはよいのではないだろうか。

なお、パラグラフの長さや読点間の長さは、原稿で見た感じと印刷で見た感じとが違うこともある。そこで、ゲラ（校正紙）になった段階で、もう一度チェックする必要がある。

### 漢字・ひらがな・カタカナの比率

原則的には、名詞は漢字、動詞の語幹も漢字、副詞や接続詞はひらがなとする。

漢字とかなの比率が、適切になるようにする。漢字が多いと、堅苦しく重い印象となって読みにくい。他方で、かなが多すぎると、幼児的印象を与える。

三種類の文字を使えるのは日本語の特徴なので、十分に活用しよう。漢字をキーワードとし、カタカナで変化をもたせ、アイキャッチングを狙う。

ダラダラした表現は、漢字を用いてひきしめる。漢字は、速読を可能とする手段にもなる。例えば、「メッセージをはっきり決めることは、文章を書くのに先立って必要なことである」より、「メッセージの確定は、文章執筆前に行なうべきである」のほうがよい。

## 表記や用語を統一する

「分かる」と「分る」、「わかる」、「行なう」と「行う」、「おこなう」などは、どれも許される。ただし、文章全体を通じて統一する。動詞の「言う」と「いう」の混在は許される。

「米国」とするか「アメリカ」とするか、数字を漢数字とするかアラビア数字とするか、西暦紀元表示か元号表示かなども同様。ただし、元号表示のときも、西暦紀元を併記するのが望ましいと私は考える。官庁文書では元号表示だけだが、平成三年といわれても何年前のことかわからず、苦労することが多い（グローバル・スタンダードについて論じた『平成九年度経済白書』のタイトルが元号表記だったのは、ブラックユーモアとしか思えなかった）。

文献の引用方法、注のつけ方、外国人名の表記方法も統一する。これらについては、唯一絶対のルールがあるわけではないが、一文書中では統一しなければならない。* 外国人名の読み方がはっきりしない場合には、無理してカナ表記に直す必要はない。

なお、複数の執筆者が寄稿して作る論文集の場合には、表記がバラバラだと編者が苦労する。原稿執筆に先立って詳細な統一ルールを作って執筆者に配るのがよい。

* ニュートン、アインシュタインなど姓の表記が続く文書で「ガリレオ」というファーストネームの表記が現れるのは本来はおかしいが、一般に認められている。ただし、ディジタル百科事典で、「ガリレイ」でないと引けないものがあった。

## ゲラの校正

パソコンで書いた原稿のデータがゲラに正しく反映されるようになったので、校正はずいぶん楽になった。原稿にない誤りがゲラに現れることはなくなったからである。

ゲラでとくにチェックすべきものは、仕上がりのレイアウトである。とくに、ある行に一文字しかないことや、あるページが一行だけになってしまうことを避ける。さらに、節のタイトルや小見出しが奇数ページの末尾にならないようにする。これらは、「見かけ」の問題だが、印刷物の場合は、かなり重要だ。文章の長さは（全体がある程度以上の長さなら）五パーセント程度であれば簡単に調整することができるので、このような「見かけ」の整形は簡単にできる。編集者にまかせておくと、改行や読点を勝手に直して調整される。その結果、文章のニュアンスが知らぬ間に変わってしまうことがあるので、注意が必要だ。

なお、このチェックはゲラにならないとできない。パソコン原稿段階では、かなり正確に見積もったつもりでも誤差が生じる。また、一行の字数をどうするかで、同一の原稿でも全体の行数にはかなりの差が生じるので、注意を要する。

ゲラ段階で注意すべきものとして、タイトルがある。新聞や雑誌に寄稿した場合、タイトルは、著者の自由にならないことが多い。内容と食い違っていたり、気に入らないタイトルをつけられることが頻繁にある。読者は、タイトルも著者がつけていると思っているので、誤印象や誤りの責任は、著者が負うことになる。だから、気に入らなければ修正を要求すべきだろう。ただし、希望が必ず通るとは限らない（本章の3を参照）。

## 2　表現をチェック

### 削りに削る

だらだらした表現は、簡潔にしよう。削る必要性はすでに第5章で述べたが、最終段階でも、削りに削りまくろう。

ＧＭ（ゼネラル・モーターズ）の伝説的経営者アルフレッド・スローンは、「この書類を捨てたとき、震えたり、息切れがするほどの恐ろしい事態に陥るかと考えてみよ。もしそうでなければ捨てよ」と言った。これと同じことが、文章についても言える。「これ以上削ったらまったく意味がとれなくなるか？」と考えてみよう。そうでなければ、削ろう。余計な修飾語も、余計な注記も。そして、余計な文も。それによって文章は読みやすくなり、印象的になる。

ただし、読者が綿密に読んでくれる保証はないことにも注意する必要がある。長文の場合には、流し読みをされるかもしれない。強調したい点は繰り返すことが必要な場合もある。

**同一表現を避ける**

同じ表現が繰り返されないよう気をつける。とくに、接続詞や副詞は、同じ言葉が続いてしまいがちなので、注意が必要だ。

また、「しかし……、しかし……、しかし……」「なお……、なお……、なお……」となることもよくある。表現が単調になるだけではない。論理の運び方が不適切なためにこうなる場合が多い。

私は、強調する場合に、「きわめて」を多用する癖がある。気をつけてはいるのだが、見直すと、あきれるほど続いていることもある。類似の意味をもつ言葉として、他にも「非常に」「じつに」「大変」等々があるのだから、適宜使い分けるべきだろう（繰り返し多用をチェックするには、パソコンの検索機能で検索すればよい）。

ただし、適切な単語がすぐに思い浮かぶわけでもない。だから、辞書が助けてくれると有難い。英語には、シソーラス（Thesaurus）という便利な辞書がある。* 日本語では「類語辞典」と訳されているが、むしろ「表現辞典」というほうが適切だ。

最もポピュラーな *Roget's Thesaurus* の場合、意味から単語を引くようになっている。「強調」であれば、Quantity（量）、Comparative（比較）、by comparison with a standard（標準との比較）という項目の adv（副詞）のところを見る。五〇〇個くらいの単語が出ているので、この中から適当なものを選ぶ。多すぎて、どれを選んでよいかわからないくらいだ。

意味の分類構造がどうなっているかわからない場合は、very とか extremely など、思いつく単語を索引で引く（普通は、このように使う）。使い慣れると和英辞典よりずっと便利なことがわかる。ワープロには、簡易版のシソーラスが標準装備されていることが多いので、最近は書籍形態のものをみる機会が減った。

日本語にもシソーラスがあったら文章執筆はずいぶん楽になるのにと、昔から願っていた（中学生の頃からの念願である。もっともそのときには、「シソーラス」の存在は知らなかった）。

日本語にも「類語辞典」というものはあるのだが、ほとんど使い物にならない。私は、日本語の単語を見出すために、まずシソーラスで適当な英単語を見出し、それを英和辞典で日本語に直すことすらある。『日本語シソーラス』と銘打った辞書が発売されたときには歓び勇んで買ったのだが、やはり使い物にならなかった。

「英語は外国語として使う人の数が非常に多いので、シソーラスに対する需要が強いのだ」という説明を聞いたこともある。たしかに、世界語たる英語は別格かもしれない。しかし、*Roget's* が作られたのは、一五〇年も前のことである。日本語にも、その簡易版程度はあって然るべきだろう。このような「文化のインフラストラクチャー」が日本語に存在しないのは、まことに残念なことだ。国語学者の怠慢がもたらした結果である。

* *Roget's Thesaurus* (Longman) は、一八五二年から続いているシソーラスの老舗《しにせ》。ペーパーバックス版は、空港の売店でも売っている。なお、語をアルファベット順に配列してあるシソーラスもある。例えば、*Chambers 20th Century Thesaurus*.
日本語の類語辞典で現時点で最も使えるのは、芳賀矢一校閲、志田義秀、佐伯常麿編『類語の辞典』(講談社学術文庫、一九八〇年) であろう。しかし、初版が明治四二年 (一九〇九年) と、いかにも古いのが残念である。

レトリックの一種に、「対句」という手法がある。例えば、「彼女は理性を軽蔑していた」と書くところを、「彼女は感情を尊敬し、理性を軽蔑していた」と書くのである (この例は、三島由紀夫による）。対句を考える際にも、シソーラスがあると便利だ。

## 語尾は適切か？

各文の語尾をチェックする。「だ。だ。だ。」、あるいは「である。である。である。」のように同一の表現が続くと、単調になる。語尾には変化をもたせよう。過去形が続くと、「た。た。た。」となってしまうので、適度に現在形を挿入する（日本語は時制にさほど厳密ではないので、これが許される）。

つぎのような「逃げ」で終わる文がしばしば見られる。

◆……と考えられる。……と思う。……といわれている。……が世界的潮流である。……が学界の大勢である。……という意見もある。……と言って差し支えない。

「逃げ」の終わりは、自信のなさの現れであり、これが多いと、文章の迫力がなくなる。*「学界の大勢だ」的な書き方は、自分では責任をとらず、かつ権威に頼ろうとしている。私はこうした文章を最も嫌う。「といわれている」は、「私はこう考える」とする（「私はこう思う」では、少し弱くなる）。

「のである」は、これらとは逆の強い断定だが、あまりに続くと、うるさくなる。

文末の「けれど」は、私自身も使うことがあるが、あまり多いと鼻につく。「かしら」で終わるのは、吉田秀和氏級の書き手だから許されるので、普通は避けるほうがよい。体言止めの多用もやめにしよう。

＊ 役人が書く文章には、「等」が多い。これもあとで言い訳するための逃げである。農水省が作った文書を見ていたら、「広く国民等から意見・情報を募集いたします」とあった。「国民等」の「等」とは、いったい何だろう？　いっそのこと、「広く全人類から」とでもするほうがよいのに。

### 曖昧接続の「が」はパラグラフで二個まで

「曖昧接続の『……が』を使うな」という忠告がある。「曖昧の〈が〉」とは、つぎの文中の「が」のようなものである。

> 「彼は頭はよいが、走るのも速い」というような表現がよく使われるが、この〈が〉は明確な意味をもたない。頭のよい人は必ず遅いというなら、この〈が〉は〈しかし〉の意味になるが、そうとも限らない。

「曖昧の〈が〉」を使うと、論理関係がはっきりしなくとも文を続けられる。そこで、非常に頻繁に使われる。

「作文の際の留意事項だが、最も重要なのは、曖昧表現をしないことだ」というように。

「曖昧の〈が〉を排除せよ」という注意は、正しい。ただし、これは正論である。正論の常として、息がつまる。一度、「曖昧の〈が〉」をまったく使わずに本を一冊書いたことがあるが、息がつまった。「死ぬまでに一度たっぷりつゆをつけてそばを食いてえ」という気持ちがよくわかった。ただし、一つのパラグラフに三度以上は現れないようにしたい。

私が初めて「曖昧の〈が〉を使うな」という注意に接したのは、清水幾太郎の『論文の書き方』である。しかし、いまこの本を読み直してみると、「曖昧の〈が〉」が何度も出て来る。「私が言うとおりにせよ」と注意するのは簡単だが、「私がするとおりにせよ」と示すのは至難のわざだ。

## 思い違いに注意

「一生懸命」のように、多くの人がおちこんでいる思い違いがある（「一所懸命」が正しい）。もっとも、誤りがあまりに一般化してしまったために、最近では許されるようになっている。

伊丹十三は、『ヨーロッパ退屈日記』の中で、「次の文字の誤りを正せ」というので、快心の笑み、寺小屋、頭骸骨、首実験、なんていう問題がでた昔はよかったねえ」と書いている。いま、こうした注意をいくら書いても、流し読みされるだけだろう。

「犬に食べ物をあげる」のような表現も、いまでは許されている（この表現は、犬を尊敬している。「やる」が正しい）。「とんでもございません」も、口語ではごく普通の表現になってしまった（「とんでもないことでございます」が正しい）。

意味の思い違いは、とくに外来語においてはなはだしい。

◆デッドロック——日本人はlとrの区別がつかないので、「暗礁」と思っている人が多い。しかし、そうではなく「こわれた鍵」なので、「デッドロックに乗り上げる」は誤り。

◆ホッチキス——英語では「ステイプラ」という。外国人に「ホッチキス」と言っても、首をかしげられるだけだろう。

◆ダッシュ——「—」のこと。日本人が普通「ダッシュ」といっている記号（′）は、「プライム」と呼ぶ。A′は、「エイ・ダッシュ」でなく、「エイ・プライム」である（これは、私がアメリカに留学したとき、教室で一番最初に得た知識）。

◆ハンドル——鞄《かばん》などのもち手のこと。日本人が「ハンドル」といっている自動車の操縦装置は、steering wheel という。

◆ガソリンスタンド——アメリカでは gas station という。なお、ガソリンは、アメリカでは gas、イギリスでは petrol。
◆サボる——sabotage は「破壊工作」という意味であり、「怠業」という意味はない。アーサー・クラークの *Rendezvous with Rama*（邦題『宇宙のランデヴー』）に Sabotage という章があるのだが、誰も怠けていない。変だと思って英和辞典を引いて、このことを知った。

## 避けたい表現

以下で述べる表現を許すかどうかは、ある程度は趣味の問題である。また、許容度に個人差があるのも事実だ。しかし、こうした表現を「避けるべきだ」と考えている人がいることには、注意をする必要がある。

【1】乱用されてイメージが低下した表現
◆思いやり、さわやか、達人、しなやか、やさしい、人間性。
これらは、もともとは美しい日本語だった。しかし、こうした表現を臆面もなく使う人々に乱用されたために、言葉のイメージが低下した。いまや陳腐としか言いようがない。私は、こうした表現を平気で使う人を、無神経だと思う。
【2】陳腐な形容詞や副詞、そして比喩

◆「バイオリンの妙なる調べ」、「感動的な名演奏」、「咲きかけの薔薇のように美しい」など。

スティーブン・キングは言う。「読みたい本は山とある。下手な作品につきあっている時間はない。夏の日のように美しかった、猛虎のように闘ったなどの黴《かび》臭い文句で人の時間を無駄にするのは、書き手が自分の無知と怠惰を誇っているようなものだ」*

【3】内容空虚な紋切り文

新聞やテレビの報道番組には、「厳しい対応が予想される」、「成り行きが注目される」などの紋切り型表現がよく現れる。これは、内容について具体的な論評を避けるための「逃げ」の表現である。一見して「逃げ」と見えないので、便利に使われている。

テレビ特別番組のタイトルで、「高度成長の秘密に迫る」といった類のものがよくある。「迫る」というのは、妙な表現だ。「迫るだけで解明はしないのか」と野次りたくなる。それに、女性アナウンサーが「迫ります、迫ります」と言っているのを聞くと、妙な気持ちになってくる。

【4】不快感を与える表現

私は、つぎの表現に出会うと、不快感を覚える。

◆生きざま、手垢《てあか》のついた、せめぎあい

◆ふれあい、共生

「手垢のついた」は、「使い古された」とすればよいものを、なぜそうしないのだろう。「生きざま」は、「死にざま」からの転用で、本来は誤用である。

しかし、世の中には、これらに不快感をもたない人が多い。「ふれあい」や「共生」は、むしろポジティブな表現と考えられている。「ふれあい」は、地方公共団体御用達用語だが、妙に湿った手で肌をなでられる気がして、ぞっとする。

「共生」は、言葉の問題もさることながら、その裏にある生活態度に賛同できない。私は、共存や協調は必要だと思うが、「共生」はご免こうむりたい。相手に依存しないと生きられないのでは困る。自立した個人を前提としたうえで、それらの人々が自由な選択に基づいて協力しうる社会を望みたい。

【5】品位を下げる表現

ボキャ貧、ハイソ、イチオシ、一通（一方通行）、メルマガ（メールマガジン）、メアド（メールアドレス）などの安易な略語は、どうもいただけない。

「にもかかわらず」、「なのに」、「なので」と省略する人が多いが、「そんなに節約して、節約した結果を何に使いたいのか」と言いたくなる。

「バブルな人達」、「デジタルな時代」、「受験な人」、「科学する心」、「哲学する」といった表現を面白がって使う人がいるが、こうした表現は文章全体の品格を落とす（もっとも、「科学する」は、認める人が多い)。「文章はこう書く」「表はこう作れ」などは、ハウツウものの週刊誌記事のタイトルである。やはり、品位を下げる。

私も、わざとふざけた表現やくだけた表現を使うことがある。これは、言っていることがあまりに正論であったり、あまりに当然であったりする場合の照れ隠しであることが多い。こうした場合、傍点を打っておくのがよい。編集者が几帳面だと、直されてしまう。

じつは、第4章の3で「さりげに引用する」と書いたのだが、これが最近ではふざけた表現とは考えられていないと聞いて、仰天した。いまでは、非正規表現である「さりげに」は、許されるばかりではなく、何と、「さりげなく」と同義語とみなされているのだそうである。

＊キング『小説作法』(前掲)。

## 「小生」と言うのはやめよう

「小生」は、辞書では「謙称」となっているが、実際には目下の人にあてた書簡文で使う表現だ。印刷される文書で使ってよい表現ではない。雑誌のエッセイなどで使っている人がいるが、傲慢に聞こえる。いまどき「拙者」と書く人はいないだろうが、ニュアンスとしては同じようなものである。「貴兄」、「学兄」、「貴殿」は、歳上の人に対して決して使ってはならない表現だ。

一人称代名詞として、「僕」という表現をよく見かけるが、私はあまり賛成できない。「私」という標準的表現があるのだから、それを使えばよい。三島由紀夫は『文章読本』の中で、

「『僕』という言葉の、日常会話的なぞんざいさと、ことさら若々しさを衒《てら》ったような感じは文章の気品を傷《そこな》うのであります。私は「僕」という言葉は公衆のまえで使う言葉とは思いません」


と述べている。

なお、「筆者」という表現を他の文章について述べている文章中で使うと、どちらの文章の筆者なのかがわからなくなるときもある。

ついでにいえば、「殿」は目下の人に対するものだ。その典型例は、官庁が人民にあてた通知文である。学生からの手紙で、野口悠紀夫殿の表書きで、中には「小生は」とあった。「君の手紙に重大な誤りが三箇所あった」と返事したくなった。

「浅学非才《ひさい》の筆者に、こうした文章を書く資格はないが」と始まる文章を見かける。しかし、

これが心からの謙遜表現であることは滅多にない。「オレはこれだけ知識をもっているのだが、もっと知識をもっている人もいるから謙遜しているのだ」という態度が感じられる。これは、権威に対する謙遜であり、読者に対する謙遜ではない。私は、こうした表現に出会うと、不遜で傲慢と感じ、不快感をもつ。

## カタカナとアルファベットばかり

経済学者や金融関係者が書く文章に多い。例えば、つぎのように。

「LIBORが知られると、キャップがITMになるかどうかがわかる。これはOTM取引なので、フィクシングを入れる」

どうしても必要なわけではないにもかかわらず、めくらましとしてカタカナやアルファベットを使っている。「キツネ文」の一種と言える。「いつも英語の論文ばかり読んでるもんだから、日本語で書くとついこうなっちゃって」と言いたいのだろうが、底の浅さが見え見えだ。こういう人に英語の論文を書かせてみたい。

「ヒルベルト空間」「ノルム」などの難しい専門概念や、「ミンコフスキイの定理」など人の知らない定理をやたらと振り回す人もいる。これも、「キツネ文」の一種である。

## 3　直したり直されたり

### ライターさんの業界文を直す

雑誌などのインタビューは、ライターという人たちによって文章化される。彼らには、「これこそがインタビューの文章体」という思いこみがあるようだ。「……なんです」と体言止め、そして常套句のオンパレードだ。また、文と文の関連も、全体としての論理構成も、滅茶苦茶である。

要するに、読むにたえない文章が出現する。こういうのを、「業界文」というのだろう。ライターさんには申し訳ないことと思いつつ、私はこの文章を徹底的に直す。場合によっては修正で真っ黒になって読めなくなることもあるし、パソコンで最初から打ち直すこともある。「これなら、インタビューなど受けずに、最初から自分で書くほうがずっと効率的だった」と思うことが多い（それにもかかわらずインタビューを受けるのは、第1章の2で述べたような対話の相手が、もしかしたら現れるかもしれない、という期待があるからだ）。

書いた文章を否定されるわけだから、相手は気持ちよいはずはない。真っ黒になった修正文を送ると、険悪な空気になることもある。そこで、最初に「直す」と断ることにしている。

インタビューが終わったあと、「つぎの言葉は使わないでください」と書いたメモをあらかじめ渡すこともある。

◆「……なんです」、さらなる、ふれあい、しなやか、やさしさ、生きざま、達人。

インタビューの記事原稿をまったく直さなかった経験が、ただ一度だけあった。このときの相手は、ライターではなく、ある大新聞の女性記者だった。かなり長く話した内容が、じつに手際よく、適切に、そして印象深くまとめられてあり、一字たりとも修正する必要がなかった。ただし、これは、まったく稀有のことである。確率でいえば、五〇〇分の一程度だ。生きている間にもう一度あるかどうか、疑問である。

**追放できなかった「さらなる」**

右のリストにある言葉で私がとくに目の敵にしているのは、「さらなる」だ。「一層の」という意味で使われているのだが、これは誤用である。* しかも、「ラ抜き言葉」のように徐々に変化したものではなく、突然変異的に出現した表現だ（全共闘用語だったという説がある）。

文章中にこの表現がでてくると、私はその文章の内容全体を信用しない。言葉に対して敏感でない人が書いている証拠だからである。

いまや政府の白書はこの言葉のオンパレードだが、二〇年前の白書を見ていただきたい。

こんな妙な言葉は、使われていない。これが猛威をふるいだしたのは、せいぜいここ一〇年くらいのことだ。大新聞の見出しにも、数年前からのさばり始めた。

私がこの言葉を耐えられなく思うのは、妙に権威主義的な臭いがあるからだ。権威主義的であるにもかかわらず間違った言葉遣いをしているのは、まことに滑稽だ。下品な喩えで申し訳ないが（相手が下品なのだからご容赦いただきたい）、「髭を蓄えた警官が威張り散らしているのだが、ズボンがずり落ちている」という感じなのだ。「日本語ブーム」もよいが、まず必要なのは、こうした妙な言葉の追放だろう。

辞書も汚染されてきた。最初はハンディな小型辞書だけだったが、次第に大型辞書も汚染されるようになった。『広辞苑』はごく最近までこの表現を認めておらず、「さすが広辞苑」と評価していたのだが、最新版はついに認めてしまった。『岩波国語辞典』は「第二次大戦後の用法である」という注で罪悪感を表明しているが、『広辞苑』には何の注記もない。私は、絶望的な気持ちである。こうした問題に心を悩ませるのは精神衛生上よくないと、最近では思い始めるようになった。

＊「さらなる」が誤りである理由は、つぎのところで詳細に述べた。「近ごろ気になる言葉の乱れ」『「超」整理日誌』5、ダイヤモンド社、一九九六年（新潮文庫、一九九九年）。「『さらなる』を追放しよう」『時間旅行の愉しみ』11、ダイヤモンド社、一九九八年。

## 勝手に直さないでほしい

何十回も推敲を重ねた原稿を、勝手に直される場合がある。雑誌ではあまりないが、新聞ではよくある。大新聞においては、かなり頻繁にある。

タイトルは整理部がつけるので、編集部に頼んでも直らないことが多い。あるときは、「さらなる」が私の文章のタイトルに現れ、仰天した。

ファイナンス理論の解説文を断りなしに直されたことも、一度ならずあった。原稿に「デリバティブ」と書いたものを、勝手に「デリバティブ（金融派生商品）」と直している。「わかりやすいように直した」と言うのだが、デリバティブを「商品」と言うのは、奇妙である。それどころか、デリバティブと呼ばれるものの中には、先物取引のように、それ自体として資産価値をもたず、したがって、「商品」ではないものも含まれている。だから、「金融派生商品」という訳語は、明らかに誤りであり、私は使わないように注意している。もし注記するなら、「派生金融取引」だ。このように説明したのだが、「社の規則だから」という理由で、直してくれない。

「シェイクスピア」は「シェークスピア」に直される。これも社の規則だからと言うのだが、こんな発音をしたら、（日本以外の）世界のどこでも通じない。社内では見事に統一されてい

### 三島由紀夫の演説草稿

三島由紀夫は、『文章読本』の最初で、大蔵省勤務時代の思い出を書いている。大臣演説の草稿を書いたところ、大臣の威信を傷つけるものとして直されたという話である。草稿がどんなものだったかについて、三島は「ごく文学的な原稿」としかしていない。大蔵省には、これについての伝説がある。

これは全国貯蓄推進協会での大臣挨拶で、「笠置シヅ子さんのような面白い方が、面白いお話を面白くなさったあとで、私のような禿げ頭が、つまらない話をつまらなくお話しするのは大変心苦しいのですが」という文章だったというのである。たしかに、これでは大臣の威信を傷つける。

このとき三島の文章を「下手だ」と言った課長は、のちに大蔵大臣となった愛知揆一氏である。氏は三島の文学的才能を見抜き、役人をやめて文学に転進することを薦めた。そして、「戻りたかったらいつでも戻ってこい」と言ったのだそうである。これは、古きよき時代の大蔵省のエピソードである。

私が大蔵省に勤務していたとき、局の倉庫にあった古い書類の中に、「起案者　平岡公威」と署名のある決済文書を見つけたことがある。

そのまま戻してしまったのだが、こっそり引き抜いて隠匿しておけば、だいぶ価値がある宝物になったのにと、いまにして悔やまれる。　□

るが、国際標準からは全然離れている。これは、日本社会の縮図である。

インタビューを原稿化してくれるライターさんはこちらの修正を受け入れてくれるが、大新聞の記者になると、自尊心が強いためか、もとの原稿どおりにしていただくことすら簡単にゆかない。一箇所ずつひたすら平身低頭してお願いし、有難くも数日かけてやっとのことで全部を原稿どおりにしていただいたこともある。「そんなにゴタゴタ言うなら、掲載しません」と恫喝《どうかつ》されたこともある。途中で堪忍袋の緒が切れ、大げんかになったこともある。自尊心が実力に裏付けられたものではなく、大新聞の記者というだけの理由による場合、一番手におえない。

人が書いた文章を断りもなしに勝手に直してしまうのは、そもそも、文章というものを軽んじている何よりの証拠だ。こうした人たちが「言葉」を扱う職業についていることに、私は怒りを覚える。

## 第6章のまとめ

**1**　形式面のチェック

（1）タイトルは、内容を適切に表すものにする。
（2）章・節・パラグラフの区切りを適切にし、小見出しを内容を表すものにする。
（3）誤字脱字を根絶する。とくに、名前の誤字に注意。
（4）読点を適切に打つ。
（5）漢字・ひらがな・カタカナの比率を適正化する。
（6）表記と用語を統一する。

**2**　表現のチェック

（1）削れるだけ削る。
（2）類似表現を避ける。
（3）語尾の単調化を避ける。語尾で逃げない。
（4）曖昧接続の「が」の多用を避ける。
（5）使い古された表現、陳腐な表現、不快感を伴う表現、品位を下げる表現などを避ける。

# 第7章　始めればできる

パソコンを使えるようになって、文章執筆作業の本質は一変した。それにもかかわらず、この点を重視した文章読本はまだ少ない。本章では、この問題について述べる。

## 1　とにかく始めよ

### 始めなければ進まない

文章を書く場合に最も大変なのは、「書き始めること」だ。

多くの人は、「まだ準備ができていないので、本格的に取り掛かれない。もっと準備が整ってから始めよう」「まだアイディアが熟していない。もう少し構想が固まったら始めよう」「いまは忙しいから、時間のある時に始めよう」等々の言い訳を考え出して、着手しない。つまり、「構えてしまう」のだ。

重要な仕事ほどそうなる。重要なものだと、完全を求める。完全を求めるから始められない。始められないからますます構える。

「始めるのが大変」とは、どんなことにも当てはまる真理だ。電車に乗ったら、運転席のすぐ後ろに立って運転ぶりを見てみよう。モーターを動かしているのは、出発後のわずかな時間だけだ。あとは電流を切って惰性走行している。ニュートンの運動第一法則（力の働かない物体は等速運動をする）が正しいことを実感する。どんなことについても、イナーシャ（慣性）の克服こそが重要なのである。

私の場合、簡単な通信文でもそうである。仕事に没頭しているときは、どんな簡単なことでも、そのために仕事を中断したくない。このため、頭のモード切替えができず、礼状などが、とんでもなく遅くなる。私は、ものぐさかつ慎重なので、最初のイナーシャ突破が一番の難題になる。私ほどでなくとも、多くの人が似た状況だろう。

スイスの哲学者ヒルティは、『幸福論』の中で、つぎのように述べている。*

「まず何よりも肝心なのは、思いきってやり始めることである。仕事の机にすわって、心を仕事に向けるという決心が、結局一番難しいことなのだ」

「ある人たちは、始めるのにいつも何かが足りなくて、ただ準備ばかりしていて、なかなか仕事にかからない」

ヒルティの著書というと難しい哲学書のように思っていたが、じつはこのようにきわめて適切なノウハウを教えてくれる実用書なので、驚いた。

＊ヒルティ（草間平作訳）『幸福論』岩波文庫、一九三五年。

### 始めれば完成する

以上で述べたのは、「始めなくてはできない」ということだ。これは、自明である。しかし、真に重要なのは、その裏命題である。つまり、「始めればできる」のだ。完全でなくともよい。ほんの手がかりでもよい。「何か」あれば、そこから文章は成長してゆく。ゼロと「何か」の違いは、甚大なのである。

「始めれば完成する」というのは、まったく魔法のようなものである。しかし、経験してみればわかるとおり、多くの場合に真実なのだ。

仕事を始めることは、絶大な効果をもたらす。なぜなら、その仕事について考えるようになるからだ。つまり、仕事の開始とは、そのテーマについて考え始めることに他ならない。第1章で、「適切なメッセージを捉えるには考え抜くしかない」と言った。だから、文章執筆の最重要事たるメッセージでさえ、書き始めてから得られることがある。

これは、一見して奇妙に思われるかもしれない。メッセージの確定は、文章の執筆以前に必要なことのように思われるからだ。しかし、現実にはそうとも限らない。最初は仮のメッセージでもよいから、とにかく書き始めればよい。書いているうちに考えが深まり、メッセージがより確かなものになる。あるいは、別のより強力なメッセージが現れる。

いったん書き始めれば、通勤途上でも食事中でも、そのことについて考えをめぐらしている（多くの場合は無意識のうちに）。こうして、自分との対話ができる。これは、大変重要な意味をもつ。なぜなら、新しい発想は、「考え続けることによって生まれる」からだ。この精神作用は、潜在意識レベルでも行なわれる。寝ている間や入浴中、歩いているときに、「いつの間にか」行なわれている。

これについて、ヒルティは、つぎのように述べている。

「知らぬ間に仕事がはかどっているのを見るのは、全く不思議である。すべてのものが、まるでひとりでのように明瞭になってきて、多くの難点は突然解決されたように見えてくる。（中略）骨折りなしに刈り入れるかのように思われることさえめずらしくない」

**現役でいれば感受性が高まるし、仕事は自動進行する**

仕事を始めると、外界の刺激に対する感受性や受容度が高まる。

第3章で述べたように、抽象的概念を説明するには、具体例を出すのがよい。しかし、適切な例はすぐには思いつかない。あるいは、適切な表現や言葉が見つからない。そんなとき、たまたま見た本や新聞で、ぴったりの表現を見出すことがある。そこからの連想で、適切な表現を見出すこともある。あるいは、町を歩いていて目に入ったもので、「これだ」と思いつくことがある。

適切な事例が私の前に現れたのは、偶然だ。しかし、適切な事例を求めていたからこそ、私はそれを見つけた。適切な表現を求めていたからこそ、本の一箇所に反応したのである。同じ文章を見ている人は他にも大勢いるのだが、彼らはただ流し読みにしただけだろう（逆に、私が見逃したことから重大な発見をした人もいるだろう）。

以上のことを、「現役効果」と呼ぼう。仕事を開始し、その仕事に関して「現役」になっていれば、外界からの刺戟に反応する度合いが強くなるのである。

第1章では、ニュートンやパスツールの言葉を引き合いに出して、メッセージ発見に関して現役効果があることを述べた。具体例や適切な表現の発見に関しても、現役効果は著しい。

逆にいえば、仕事を離れてしまうと、「自動進行効果」は得られない。人間の頭は、複数のことを同時には考えられないようだ。切り替えることさえ難しい。ましてや、並列処理は不可能である。じつは本書の執筆途中で、他の本の執筆のために三カ月ほど作業を中断した。この期間中、本書の内容についてアイディアが生まれることはなかった。

## 2　パソコンなら始められる

### パソコンは仕事開始機械

この章の最初に述べたように、「書き始める」のは大変難しい。では、始めるためには、どうしたらよいか。

古典的方法は、締切りぎりぎりまで何もやらずに、自分を追い込むことである。しかし、この方法には問題がある。第一に資料収集に十分な時間がとれない。第二に「自動進行」のメリットを享受できない。また、締切りがない案件もある。「自分で早めに設定したらよい」と言う人もいるが、実際には難しい。

この点で、パソコンは絶大な力を発揮する。パソコンなら、いくらでも書き直しができるため、気楽に始められるからだ。「とりあえず」始めることができる。パソコンのスイッチをいれ、テーマについて思いつくことを、何でもよいから書きとめてみよう。つぎの日、そのメモを見て、思いつくことを再び書いておこう。こうして、プランなどなくても、とにかく書き始めることができる。書いてみて、あとで直せばよい。

パソコンの利用によって、文章を書くスタイルは大転換した。この変化は、まさに「革命」というにふさわしい。これを活用できるか否かが、文章執筆に大きな差をもたらす。

パソコンを用いた書き方は、現代の重要なノウハウだ。そのノウハウの中で最も重要なのは、「パソコンを用いて仕事を始める」ことである。それにもかかわらず、これは十分に認識されていない。

イナーシャ突破のために、ノートパソコンは格別便利だ。私は食卓にノートパソコンを置いてある。食後、仕事再開のために書斎にゆくこと自体に、ある種の「バリア」がある。パソコンでさえ、「あらたまった気持ち」で仕事にとりかかるのでなく、「食後になんとなく」といったことが必要なのだ。

## いくらでも修正できる

パソコン以前の文章執筆は、「創造」であった。何も書いていない真っ白な原稿用紙を前にし、そこに一字ずつ字を埋め込んで、文章を作り上げてゆく。

紙に書く場合にも、直すことはできる。しかし、ある程度以上直すと、読めなくなってしまう。だから、清書する必要が生じる。これは面倒だ。そこで、まずおおよその構成を頭の中に作り、原稿用紙の最初のマスから書き始めることになる。

ところが、パソコン時代の文章執筆は、「修正」になった。ごく簡単なメモでよいから、最初に何らかの手がかりを作る。あとは、足りない部分の追加、不適切な表現の改良、削除、順序の入れ替えなどを行なってゆくだけだ。このような作業だけで文章ができあがってゆく。

ある程度進んだところで、紙にプリントし、それを修正する。私は、修正用に何種類かの好みの赤ペンを選んである。これを使って修正すると、ある種の生理的快感を覚えることもある。

無から有を創造するのは、大変な難事業だ。それに対して、すでに存在しているものを修正するのは、精神的にずっと楽である。他人が書いたものの批判は簡単なのと同じことだ。「修正による執筆」とは、自分で書いたものを自分で批判する過程に他ならない。

しかも、修正したものでさえ、あとから自由自在に修正できる。だから、気楽にできる。例えば、うまい表現がすぐに思いつかない部分は、簡単なメモ書きだけにしておいて、先に進めばよい。

「いくらでも書き直せる」という認識をもつほど楽なことはない。論理の順序や、展開さえも、直せる。言いまわしなどは、いくらでも直せる。どうしても書きたいことだけを、とりあえず書いておけばよい。

私は、いまやパソコンなしで文章を書くことはできなくなった。少なくとも、ある程度以上の長さの文章を書くことは、まったくできない。原稿用紙を一マスずつ埋める作業は、軽業芸のように思われる。かつて自分もそんな難しいことができたかと思うと、驚嘆する。その時代は、もはや石器時代のようにしか思えない。

もしヒルティが現代に生きていたら、パソコンの機能を絶賛し、一冊の本をそのために書いたであろうことは、疑いない。

### 文章作成作業の本質が変わった

パソコンの使用によって変わったのは、文章執筆のスタイルだけではない。「書く」作業の本質的な性格が変わってしまった。とりわけ重要なのは、文章を書いてゆく順序である。

パソコンでは、紙の場合とは異なる書き方になる。まず主張したい結論を書き、つぎに理由を述べるというように、思いついたことをどんどん書いてゆく。こうして文章が前後左右に広がってゆく。似た内容のことが散在していたら、それらをまとめて括る。順序がおかしければ、入れ替える。

そこで、多くの場合に、「行きつ戻りつ」という書き方になる。紙の場合のように一方向的に書いているのではない。最初のうちは文章にすらなっておらず、単語の羅列やメモである場合が多い。何度も読みなおしながら、文章化してゆく。

文章執筆で一番難しいのは、書き始めの部分である。どのように問題提起すればよいのか、それとも結論を最初に言ったほうがよいのか。印象的な書き出しはないものか？

こうしたことを考えていると、ますます書き始められなくなる。パソコンでの執筆の場合には、こうした厄介な問題は後回しにして、とにかく書きたいところをまず書いてしまう。書き出しの文章は、そのうち浮かんでくるだろう。こう考えられるだけで、文章執筆作業は格段と楽になった。

ヒルティは言う。


「序論のために、時間と仕事の興味を失っている人がきわめて多い。（中略）序論や表題は最後に作れというのが、誰にもあてはまる適切な忠告である」


修正作業は、細切れ時間を使って行なうこともできる。プリントアウトした草稿を持ち歩いて、昼食のレストランで、電車や新幹線の中で、空港の待合室で、あるいは自宅で気分転換をしたいときに長椅子に寝転んで、といった具合だ。表現の改良などの作業は、このような細切れ作業でもずいぶんはかどる。構えずに、カジュアルな気分でやるのが重要だ。いつも原稿に接していることによって、現役効果も維持できる。

ただし、いずれかの時点で集中作業が必要である。メモや短文の集積がある程度の長さになったところで、集中して作業できる時間を確保し、全体の構成を確実に整える。このためには、最低限、金曜の夜から日曜の夜までの丸二日間程度をあてる必要がある。他の仕事には一切煩わされず、これだけに没頭する。本の執筆の場合、このような集中期間が数回必要とされる。こうした大改訂で、文章の構成が一変することもある。

ある程度できあがったところで、最初から読みながら修正してゆく。なお、パソコンの画面だと狭い範囲しか見られないから、紙に打ち出すのがよい。すると、離れた場所にある重複が見つかったりする。

このような作業の繰り返しによって、最終的な作品が自然にできあがってくる。このため、きわめて大量の書き直しを行なっている。紙の場合の推敲がせいぜい数回であったことと比較すれば、まったく異質の書き方になった。

## とりあえず捨てる

編集の過程で重要だが難しいのは、これまでも強調したように、「捨てる」ことである。余計なものが残ると論理の順序がおかしくなる。また、印象が薄くなる。文章が読みにくくなる大きな原因の一つは、主題に関係の薄い記述が残っていることだ。読みやすい文章を書く秘訣は、「捨てる」ことなのである。

しかし、いったん書いたものには未練が残る。だから、なかなか捨てられない。これは人情だ。「不要なものは捨てよ」と簡単に言う人がいる。しかし、これはトートロジーである。知的作業の生産物の場合、「不要かどうか」を判定するのは、じつに大変なことだ。

私の提案は、「とりあえず捨てること」つまり、古いバージョンを別のところに保存しておくことだ。残しておいたところで、テキストファイルであるかぎり、たいしたメモリを使うわけではない。

もっとも、残したものをあとで使うことは、めったにない。つまり、本当の目的は、「捨てること」である。その際の心理的負担を軽減するために残すのだ。これは、パソコンだからこそ簡単にできるようになったことだ。

## パソコンだと無味乾燥になるか？

「ワープロで印刷した文字は人工的であり、人間的な暖かみがない。パソコンを使うと思考の弾力性が失われて、機械的になる」「ワープロで書くと、潤いがなく、無味乾燥な文章になる」「漢字が多くなる」「ワープロは機械的だから、万年筆がよい」などという意見が、いまだに堂々と新聞や雑誌に掲載されている。

新しい技術が登場して時代が変わるとき、変化を嫌う人からは、いつもこのような意見がである。人間は、自分が偉くなったあとに生まれたものは、拒否するものである。

彼らのパソコン批判は、新しい技術を取り入れる「やる気のなさ」をごまかしているだけだ。こうした考えを後生大事にするマスコミの風潮は、ほんとうに困ったものだ。

自分の信念を述べているのでなく、読者の受けを狙っている場合も多い。信念を述べている人には迫力が感じられるが、パソコン反対論にはそれがない。こうした意見に、私は怒りさえ感じる。

考えてみれば、万年筆自体が簡便筆記用具である。それが登場する前、日本人は筆と墨で文章を書いていた。万年筆が登場したとき、「こんな簡単な道具で品格ある文章は書けない」と言った人は大勢いたに違いない。

だから、「品格のある文章を書くために、それ相応の筆記用具を用いるべきだ」と言う人は、万年筆などという簡便手段に満足してもらっては困るのである。大事な原稿であれば、筆で書くべきだ。実際、名工が作った高価な硯《すずり》で墨をすっていると、心が静まってくるそうである。そのような過程を経てこそ、品格のある文章が生まれてくるのではなかろうか？

いや、それどころではない。もう少し長い時間的スパンでみれば、紙に筆で書くことさえ、簡便手段だ。永久に残したい重要な文章であれば、石に刻むべきではなかろうか？

もちろん、それは大変な難行苦行だ。しかし、主義を主張する人は、主義に徹すべきである。万年筆のような中途半端な手段に満足する人々は、唾棄すべき便宜主義者にすぎない。

## パソコンを「自分の側」に

どんなことでもそうであるが、「どちら側にいるか」という心理的感覚は、きわめて重要だ。本も、「積ん読」でもよいから自分の本であれば、「自分の側」にあると感じられる。だから、本のほうから近づいてきて、いつかは読める。しかし、図書館や書店にある本では、なかなかそういう状態にならない。

パソコンも同じである。パソコンの反対側にいて嫌悪感をもったり、あるいは、パソコンに背を向けて無関心でいるならば、いつになってもパソコンは近づいてこない。どんどん離れてゆくだろう。

しかし、いったん「パソコンの側」に立ちさえすれば、パソコンは自然にあなたに近づいてくる。だから、パソコン攻略の第一歩は、できるだけ早く「パソコンの側」に立つことである。つまり、「パソコンは自分の味方だ」と感じることだ（もっとも、「味方にせよ」といったところで、どうしたらよいかわからない、という意見があるかもしれない。ある程度以上の年齢の人なら、自分史を書いてみるとよい。これは、編集や追加が頻繁に必要な文章の典型なので、パソコンの有難さが実感できるはずだ。インターネットで資料収集を始めれば、さらに有難さがわかる。新しいものを学ぶには、強いインセンティブが絶対に必要である）。

## 3　対話とメモで修正する

### 自分自身と対話する

パソコンを使って書いているときは、論点やデータの組み替え、論理の筋道の組み直し、視点の変更、全体の構成の変更などが、何度でも行なえる。この過程を進めてゆくと、当初とは全然別の論理展開や結論になってしまうこともある。注記として書いたことが、じつは重要な意味をもっていることがわかり、それが主要な論点になることもある。これは、自分自身との対話を通じて発想したことを意味する。

自分自身との対話は、頭の中だけでは、なかなかやりにくい。とくに、最初の段階では、考えていることの全貌をまとまった体系として把握しにくい。パソコンで書いておくと、自分が書いたことを、あたかも他人の文章のように客観的に眺めることができる。

紙に書く場合には、なかなかこのような書き方はできない。こうした方法を用いると、最初の文章がまったく消えてしまうほどの修正を行なうので、紙では扱いきれない。

別の人と対話できれば、もっとよい。しかし、適切な対話の相手は、簡単には見つからない。もし見つかったら、大事にしよう。そして、その人から相談を受けたときには、誠意をもって対応しよう。

パソコンによる文章作成は、他人との討論をも容易にする。パソコンで書いていれば、途中の段階で人に読んでもらえるし、電子メールで簡単に送ることもできるからだ。

## メモの取り方

すぐに消えてしまうアイディアを捉えるには、メモが必要だ。完全な文章になっていなくてよいからメモしておこう。ベッドに入って寝入りばなにアイディアを思いついたら、必ず紙に書きつけておこう。人間の記憶能力はまったく信用できず、アイディアの逃げ足は非常に速いからである。

翌朝目覚めたときに、メモを見ずに書いた内容を思い出せるかどうか、確かめてみるとよい。できないのが普通である。「何か重要なアイディアを書いた」ということしか覚えていない。走り書きでもよいからメモしておくのがいかに重要か、実感できるはずだ。

アイディアは、仕事を続けているかぎり、どこでも出る。寝ている間に発想が浮かぶこともあるから、ベッドサイドには必ずメモ用紙を置こう。数学者フォン・ノイマンは、就寝中にアイディアを得ることが多かった。そして、朝起きるとメモ用紙に突進したそうである。

メモに関して大きな問題となるのは、「どこにいったかわからなくなってしまう」ことだ。紙片に書いたメモでは、頻繁にこの問題が起こる。ノートに挟んだか。書類入れに入れたか。鞄の中か……。だから、紙のメモに関して最も重要なことは、紛失しないことだ。この問題への答えは、すべてのメモを手帳に集中させることだ。しかし、普通の手帳のメモ欄は、すぐに一杯になる。

私は八年ほど前から「超」整理手帳というものを作っている。この附属品として、「カンガルーホルダ」というものを作った。* これは、A4用紙を挟みこんで携帯するためのプラスチックのホルダである。簡単な道具だが、これを使うと、無限に長いメモ用紙を使っているのと同じことになる。そして、メモを紛失することがなくなる。

紙切れに書いたメモは、できるだけ早くパソコンに入力する。これは、紛失防止が第一の目的であるが、他にも理由がある。メモにはキーワードだけしか書かないことが多いので、時間がたつと、自分でも意味がわからなくなったり、何について書いたメモかがわからなくなってしまうからだ。

* 野口悠紀雄『ブロードバンド時代の情報管理法』アスキー・コミュニケーションズ、二〇〇二年。なお、ここには、メモの取り方に関するノウハウも記した。

## 4　結局重要なのは何か？

### 重要性では二割の作業が八割の時間を食う

インターネット時代になって、断片的な情報はいくらでも集まるようになった。では、それらをつなげれば文章になるか？

決してならない。重要なのは、メッセージだからだ。第1章で述べたように、文章が成功するか否かは、八割方この段階で決まる。そして、メッセージは、「考え抜く」ことによってしか出てこない。メッセージを獲得する過程で、パソコンやインターネットが直接に役立つことはない。

シェイクスピアはパソコンを使ったか？　ゲーテはインターネットを使ったか？　もちろん使わなかった。彼らの創造物が何百年もあとの世界に残ったのは、パソコンともインターネットとも無縁の理由による。

しかし、だからといって、「パソコンやインターネットを使わなくてよい」ということにはならない。なぜなら、重要性からいえばメッセージが八割の比重をもつといっても、その獲得のために八割の時間を使うわけではないからである。

場合によって違うとはいえ、文章執筆時間の八割は、重要性からいえば二割の作業に使われている。これが、編集、推敲、および資料収集である。そして、これらの作業については、パソコンやインターネットは驚異的な力を発揮する。だから、こうした作業の時間を最新の技術で節約できれば、より多くの時間を、本来必要とされることに、つまり考え抜くことに、あてることができる。

われわれは、パソコンやインターネットの力を過大評価してもいけないし、過小評価してもいけない。適切なところに、適切な方法で用いることが重要だ。

## シェイクスピアとモーツァルト、そしてジョイスとワイルド

私がこの章で強調したのは、推敲を続けることによって徐々に文章を成長させてゆくという書き方だ。

しかし、多くの天才たちは、推敲などしなかったようである。

ウイリアム・シェイクスピアは、「一語たりとも抹消することがなかった」。つまり、初稿がすなわち決定稿であり、それをそのままグローブ座の座長に渡していたと信じられる。*

映画「恋におちたシェークスピア」では、シェイクスピアが書いている脚本に修正のあとがみられる。スランプに陥って何度も書き直す場面もある。それどころか、最初は喜劇だっ

た『ロミオとジュリエット』が、書いていくうちに悲劇に変わってしまった。

しかし、実際には、そんなことはなかったわけだ。もっとも、映画の最後にある『十二夜』を書く場面では、確信に満ちて、「一語たりとも抹消することなく」書き進んでゆく。これこそが、シェイクスピアの本当の姿だったのだ。

モーツァルトも同じタイプの天才だったことが、よく知られている。ピーター・シェファーの戯曲『アマデウス』に、サリエリのつぎの台詞がある。**

「彼女（コンスタンツェ）はこの楽譜が写しでないと言った。あの男（モーツァルト）が最初に自分で書いたそのままのものだと言った。それなのに、まるで清書したようにきれいで、書き直した痕はどこにもない」

では、すべての天才は、何の苦もなく創造したのであろうか？　モーツァルトがそうであったように、ただ神の声を書き記しただけだったのか？　そんなことはない。まったく逆のタイプの天才もいたのである。***

ジェイムズ・ジョイスの遅筆は有名である。あるとき友人が訪れると、彼は絶望に打ちひしがれて机に突っ伏していた。

「どうした。仕事の悩みか?」

彼は顔も上げずにうなずく。「で、今日は何語書いた?」「七語」

「七語なんて、君にしちゃあ上出来じゃないか」

ジョイスは、初めて顔を上げて答えた。

「ただ、どういう順序で並べればよいのやら……」

同じくアイルランドの作家であるオスカー・ワイルドにも、似た逸話がある。彼は、昼食の席で友人からこう聞かれた。

「午前中は何をしてたのかね?」

「ずっと仕事さ」

「じゃあ、だいぶ捗《はかど》ったろうね」

ワイルドは、答えた。

「そう。コンマを一つ入れた」

この話は、まだ続きがある。

夕食の席で再び、「午後は何を?」「ずっと仕事を」というやりとりの後、友人は昼のやりとりを思い出して、皮肉っぽく言った。

「すると、コンマをもう一つ入れたってわけか」

「いや。午前中のコンマを取ったんだ」

蛇足的教訓――書き方には個人差がある。絶対に従わねばならぬ黄金律など存在しない。自分にあった方法を、試行錯誤によって探してゆくしかない。

* アシモフ『ゴールド』(前掲)。
** ピーター・シェファー(江守徹訳)『アマデウス』劇書房、一九八二年。
*** ジョイスの話は、キング『小説作法』(前掲)による。ワイルドの話は、アシモフ(前掲)による。ただし、表現を少し変えた。
『産経新聞』によると、二〇〇二年の五月に、アイルランド国立図書館はジョイスの未発表原稿を八〇〇万ポンド(約一四億八〇〇〇万円)で購入したそうである。

## 第7章のまとめ

1　書き始めなければ文章は完成しない。これは当然のことだが、始めるのは、難しい。とくに、重要な文章ほど、構えてしまって開始できない。始めれば、完成できる。とくに重要なのは、「現役効果」と「自動進行効果」だ。

**2** パソコンだとあとからいくらでも直せるので、気張らずに仕事を始めることができる。つまり、パソコンは仕事開始機械である。「とりあえず捨てる作業」も容易にできる。

**3** 対話を続けることによって文章を成長させる。メモをうまくとることが重要。

# あとがき

映画「七人の侍」の最後に近い場面。丸二日間の死闘の末に野武士が全滅し、勝四郎が「野武士は、野武士は」と叫び回る。「野武士はもうおらん!」と勘兵衛が一喝すると、勝四郎はへたへたと座り込んでしまう。何カ月もの対決で緊張を続けてきた勝四郎は、野武士が急にいなくなった事態に対応できないのだ。

本書を野武士に喩えるのはまことに妙なのだが、書き終えた私の気持ちは、勝四郎と同じである。何カ月も本書と一緒に暮らしていた。それが急にいなくなった(フロッピーを引き渡す五分前まで作業していたのだから、「急に」というのは、事実そのままの描写である)。

他の本の場合と同じく、本書との格闘も、メモの集まりから始まった。最初の記録を見ると、四〇字二二八行とある。メモを集め、手直しを続けてゆくと、混沌の中から全体の姿がおぼろげに見えてくる。

あるとき忽然《こつぜん》と、何かが息づいているのがわかる。「したり、こいつは生きてるぞ!」。私の役目は、曖昧な文章の裏で生まれ出ようともがいているモンスター（かもしれないもの）を引き上げ、空気を吸って歩けるようにしてやることだ。

この楽しみを取り上げられたくない。いつまでも続けたい。それが私の手を離れてしまうことに耐えられない。これまでも本を書くときに感じていた思いを、本書の場合にはとくに強くもった。

プロローグで、「文章が全人格の発露」という意見に反対を唱えた。この意見はウソだと、いまでも考えている。しかし、書き終えてからつぎの二点を悟った。

第一に、文章読本は、どうやら書き手の思考法の本質的な部分を暴露してしまうらしい。最初の意図にはまったく反することであったが、本書は、この意味における「私の文章読本」になってしまった。

ものの考え方は人それぞれに違うのだから、人それぞれの文章読本があってもよいわけだ。「自分史とは別の意味で自分自身を明らかにする手段として、各人が〈私の文章読本〉を書いてみる」という試みは面白いかもしれない。

新しいヒントがあれば他の人も使えるから、自分史を書くより有益だろう。インターネットが手軽に利用できるようになって、書いたものを公表するのが容易になった。私のウェブサイト「野口悠紀雄 Online」(http://www.noguchi.co.jp)で、読者の文章読本を募る試みを始めようかと考えている。

第二に、ある種の表現やある種の文章スタイルに対して、私は非常に強い(「偏見」とみなされかねない)嫌悪感を抱いている。執筆前から自覚していたことであったが、書き終えてみて、その強さにわれながら驚いた。「何が好きか」と表明しても人格が明らかになるわけではないが、「何が嫌いか」の表明は人の内面を暴露する。私は、この点においてとくに、「私の文章読本」を書いてしまった。

なお、これに関連していえば、好かれる文章を書くのは、難しい割には効果が少ない。それに対して、嫌われない文章を書くのは、注意すれば難しいことではなく、効果も大きい。「文章の書き方」の最初の注意点として、もう少しこれを強調すべきだったかもしれない。ただし、誰にも嫌われない八方美人的文章は、結局のところ何の印象も残さないだろう。このあたりの按配は、まことに難しい。「少しはひっかかる文章を書く」というこのテクニックは、第5章で簡単に触れた本格的悪文の書き方とともに、本書の範囲を超える問題だ。

本書の企画を最初に提案してくださったのは、これまでも中公新書の執筆でお世話になってきた中央公論新社書籍第一部部長の佐々木久夫氏である。この楽しいテーマを与えてくださったことに、感謝したい。執筆の過程でも、有益な示唆をいただいた。当初担当してくださった同社婦人公論編集部の高橋真理子氏、前の中公新書でお世話になった同社書籍第二部の山本啓子氏からも、草稿に対してさまざまのご意見をいただいた。また、刊行に際して、同社新書編集部の吉田大作氏にお世話になった。ここに記して御礼申し上げたい。

二〇〇二年九月

野口悠紀雄

# 参考書案内

参照した文献や引用元は本文の中で示した。ここでは、文章の書き方をさらに勉強する際に役立つ文献の案内を行なう。

## A　必読。読めば文章の書き方が変わる

◆木下是雄『理科系の作文技術』中公新書、一九八一年。

「事実と意見を区別せよ」というのがこの本の最も重要な注意と考えられている。たしかにそれも重要だが、「読者がそこまでに読んだことだけによって理解できるように書く」という注意（「5　文の構造と文章の流れ」）も、それに劣らず重要だ。

私のウェブサイト「野口悠紀雄 Online」（http://www.noguchi.co.jp）にある「野口悠紀雄の本棚」の読者人気投票では、あらゆるジャンルの本の中で、つねに一、二位。日本語で書かれた文章読本の中で最も有益であることは、間違いない。

◆キング、スティーヴン（池央耿訳）『小説作法』アーティストハウス、二〇〇一年。

一見したところマニュアル的ノウハウとは関係がない印象を受けるが、これほど有益な示唆

をつめこんだ文章読本をみたことがない。

本文でかなり引用したが、引用していない重要な注意もある。例えば、イギリスの詩人アレグザンダー・ホープの言葉「副詞を使うのは人の常。〈彼は言った、彼女は言った〉と書くのは神の業」について、例をあげて説得的に説明している（これだけではわかりにくいと思うが、「副詞に頼るな」「会話を示すのに、〈勇ましく叫んだ〉の類の説明的な表現をするな」ということである）。

本書が対象とする論述文ではこの注意は必須のものとは思わなかったので、取り上げなかった。しかし、文学や文学的エッセイを志す人には、この部分（邦訳一三八〜一四六ページ）は必読である。ここを読むだけで文体は大きく変わるだろう。

**B　非常に有益なアドバイスが得られる**

◆アシモフ、アイザック（嶋田洋一訳）「第三部　SF小説作法」『ゴールド』早川書房、二〇〇一年（アシモフの博識があますところなく発揮されている。彼の創作の秘密がわかって面白いし、ためになる）。

◆板坂元『考える技術・書く技術』講談社現代新書、一九七三年。

◆板坂元『続・考える技術・書く技術』講談社現代新書、一九七七年。

◆伊丹敬之『創造的論文の書き方』有斐閣、二〇〇一年（本書とほぼ同じ範囲の文書を対象としている）。

◆大野晋『日本語練習帳』岩波新書、一九九九年（「〈のである〉を消せ」という意見には賛成。「文法なんか嫌い」の論点をもう少し整理し、詳述してほしかった）。

◆澤田昭夫『論文のレトリック』講談社学術文庫、一九八三年（同著者の『論文の書き方』より有益）。

◆篠田義明『成功する文章術』ごま書房、一九九二年（パラグラフの構成法など、有用で即効性のあるいくつかのヒントがある）。

◆清水幾太郎『論文の書き方』岩波新書、一九五九年（論述文の書き方ガイドとしては古典。「経験と抽象の間の往復」というのは、本書でいう「日常と旅」と同じことのようだ。昔読んだときに印象に残らなかったのは、私自身の経験が少なかったからだろう）。

◆ダカーポ編集部『ダカーポの文章上達講座』マガジンハウス、一九九五年（ここにも、「経験と抽象の間の往復」が出てくる）。

◆中村明『悪文』ちくま新書、一九九五年（主語述語の脱落と混乱、並列の乱れ、修飾のルール違反など、文章をわかりにくくする症状が的確に説明されている。それへの対策を考えるのに、非常に有益）。

◆三島由紀夫『文章読本』中公文庫、一九七三年（「一見ノウハウと関係ないように見えるが有益」という意味で、Aに挙げたキングと似ている）。

◆森脇逸男『書く技術』創元社、一九九五年。

## C　有益な示唆を含んでいる

◆赤瀬川原平『新解さんの謎』文春文庫、一九九九年。
◆板坂元『何を書くか、どう書くか』カッパブックス、一九八〇年。
◆井上ひさし『自家製　文章読本』新潮文庫、一九八七年。
◆大野晋『日本語の文法を考える』岩波新書、一九七八年。
◆加島祥造『引用句辞典の話』講談社学術文庫、一九九〇年。
◆金谷武洋『日本語に主語はいらない』講談社選書メチエ、二〇〇二年。
◆木下是雄『レポートの組み立て方』ちくまライブラリー、一九九〇年。
◆木村泉『ワープロ作文技術』岩波新書、一九九三年。
◆轡田隆史『文章の技術』三笠書房、一九九四年。
◆クーンツ、ディーン・R（大出健訳）『ベストセラー小説の書き方』朝日文庫、一九九六年。
◆講談社Ｗｅｂ現代編集部『編集者の学校』講談社、二〇〇一年。
◆斎藤美奈子『文章読本さん江』筑摩書房、二〇〇二年。
◆阪上順夫、服部一敏『辞書と頭は使いよう』ごま書房、一九九七年。
◆澤田昭夫『論文の書き方』講談社学術文庫、一九七七年。
◆島内景二『読む技法・書く技法』講談社現代新書、一九九五年。
◆島野功緒『誤用乱用テレビの日本語』講談社、二〇〇一年。
◆ダイヤモンド社編『文章の発見』ダイヤモンド社、一九八〇年。

◆ダカーポ編集部『新・文章講座』マガジンハウス、一九九五年。
◆谷崎潤一郎『文章読本』中公文庫、一九七五年。
◆西山里見とＱＱＱの会『辞書がこんなに面白くていいかしら』ＪＩＣＣ出版局、一九九二年。
◆樋口裕一『ホンモノの文章力』集英社新書、二〇〇〇年。
◆平井昌夫『文章を書く技術』社会思想社、一九七二年。
◆布施英利『電脳版文章読本』講談社、一九九五年。
◆保坂弘司『レポート・小論文・卒論の書き方』講談社学術文庫、一九七八年。
◆本多勝一『日本語の作文技術』朝日文庫、一九八二年。
◆町田健『日本語のしくみがわかる本』研究社出版株式会社、二〇〇〇年。
◆丸谷才一『文章読本』中公文庫、一九八〇年。
◆宮部修『文章をダメにする三つの条件』丸善ライブラリー、二〇〇〇年。
◆守沢良『ここがヘンだよ日本語練習帳』夏目書房、二〇〇一年。
◆矢野直明『情報編集の技術』岩波アクティブ新書、二〇〇二年。
◆山口文憲『読ませる技術』マガジンハウス、二〇〇一年。

## な 行



## は 行

## た　行

## さ　行

# 索　引

## あ 行



## か 行

野口悠紀雄（のぐち・ゆきお）

1940年（昭和15年），東京に生まれる．63年，東京大学工学部卒業．64年，大蔵省入省．72年，エール大学 Ph. D.（経済学博士号）を取得．一橋大学教授，東京大学教授を経て，現在，青山学院大学教授．
ホームページ「野口悠紀雄 Online」
http://www.noguchi.co.jp
主要著書『情報の経済理論』（東洋経済新報社，1974年，日経経済図書文化賞），／『財政危機の構造』（東洋経済新報社，1980年，サントリー学芸賞），／『バブルの経済学』（日本経済新聞社，1992年，吉野作造賞），／『「超」整理法』（中公新書，1993年），／『1940年体制』（東洋経済新報社，1995年），／『「超」勉強法』（講談社，1995年），／『日本経済　企業からの革命』（日本経済新聞社，2002年）

「超《ちょう》」文章法《ぶんしょうほう》
中公新書 *1662*

2002年10月25日初版
2002年12月25日 3 版

著　者　野口悠紀雄
発行者　中村　仁

本文印刷　三晃印刷
カバー印刷　大熊整美堂
製　　本　小泉製本

発行所　中央公論新社
〒104-8320
東京都中央区京橋 2-8-7
電話　販売部 03-3563-1431
　　　編集部 03-3563-3668
振替　00120-5-104508
URL http://www.chuko.co.jp/



Printed in Japan　ISBN4-12-101662-9 C1230

# 中公新書刊行のことば

いまからちょうど五世紀まえ、グーテンベルクが近代印刷術を発明したとき、書物の大量生産は潜在的可能性を獲得し、いまからちょうど一世紀まえ、世界のおもな文明国で義務教育制度が採用されたとき、書物の大量需要の潜在性が形成された。この二つの潜在性がはげしく現実化したのが現代である。

いまや、書物によって視野を拡大し、変りゆく世界に豊かに対応しようとする強い要求を私たちは抑えることができない。この要求にこたえる義務を、今日の書物は背負っている。だが、その義務は、たんに専門的知識の通俗化をはかることによって果たされるものでもなく、通俗的好奇心にうったえて、いたずらに発行部数の巨大さを誇ることによって果たされるものでもない。現代を真摯に生きようとする読者に、真に知るに価いする知識だけを選びだして提供すること、これが中公新書の最大の目標である。

私たちは、知識として錯覚しているものによってしばしば動かされ、裏切られる。私たちは、作為によってあたえられた知識のうえに生きることがあまりに多く、ゆるぎない事実を通して思索することがあまりにすくない。中公新書が、その一貫した特色として自らに課すものは、この事実のみの持つ無条件の説得力を発揮させることである。現代にあらたな意味を投げかけるべく待機している過去の歴史的事実もまた、中公新書によって数多く発掘されるであろう。

中公新書は、現代を自らの眼で見つめようとする、逞しい知的な読者の活力となることを欲している。

一九六二年一一月

## 社会・教育 I

## 社会・教育 II

不平等社会日本　佐藤俊樹
子どもという価値　柏木惠子
親とはなにか　伊藤友宣
家庭のなかの対話　伊藤友宣
父性の復権　林　道義
母性の復権　林　道義
安心社会から信頼社会へ　山岸俊男
大人たちの学校　山本思外里
日本の教育改革　尾崎ムゲン
大学淘汰の時代　喜多村和之
大学は生まれ変われるか　喜多村和之
大学生の就職活動　安田　雪
大衆教育社会のゆくえ　苅谷剛彦
理科系の作文技術　木下是雄
理科系のための英文作法　杉原厚吉

数学受験術指南　森　毅
〈戦争責任〉とは何か　木佐芳男
国際歴史教科書対話　近藤孝弘
人間形成の日米比較　恒吉僚子
イギリスのいい子 日本のいい子　佐藤淑子
異文化に育つ日本の子ども　梶田正巳
学習障害(LD)　柘植雅義
ミュンヘンの小学生　子安美知子
私のミュンヘン日記　子安　文
母と子の絆　宮本健作
伸びてゆく子どもたち　詫摩武俊
元気が出る教育の話　斎藤次郎 森　毅
子ども観の近代　河原和枝
変貌する子ども世界　本田和子
子どもはことばをからだで覚える　正高信男
父親力　正高信男
子どもの食事　根岸宏邦

ボーイスカウト　田中治彦
県民性　祖父江孝男
在日韓国・朝鮮人　福岡安則
韓国のイメージ　鄭　大均
日本(イルボン)のイメージ　鄭　大均
海外コリアン　朴　三石
住まい方の思想　渡辺武信
住まい方の演出　渡辺武信
住まい方の実践　渡辺武信
快適都市空間をつくる　青木　仁
ガーデニングの愉しみ　三井秀樹
美の構成学　三井秀樹
フランスの異邦人　林　瑞枝
ギャンブルフィーヴァー　谷岡一郎
OLたちの〈レジスタンス〉　小笠原祐子
ネズミに襲われる都市　矢部辰男